兵火春城

长春 1945—1948

崔国玺◎著

燕山大学出版社

2021·秦皇岛

图书在版编目(CIP)数据

兵火春城:长春1945—1948/崔国玺著.—秦皇岛:燕山大学出版社,2021.1
(2023.7重印)

　ISBN 978-7-5761-0090-7

Ⅰ.①兵… Ⅱ.①崔… Ⅲ.①长春—地方史—1945—1948 Ⅳ.①K293.41

中国版本图书馆 CIP 数据核字(2020)第 219106 号

兵火春城——长春 1945—1948

崔国玺　著

出 版 人:陈　玉

责任编辑:张岳洪

封面设计:方志强

出版发行:燕山大学出版社
　　　　　YANSHAN UNIVERSITY PRESS

地　　址:河北省秦皇岛市河北大街西段 438 号

邮政编码:066004

电　　话:0335-8387555

印　　刷:秦皇岛墨缘彩印有限公司

经　　销:全国新华书店

开	本:880 mm×1230 mm　1/32	印　张:7.875	字　数:170 千字
版	次:2021 年 1 月第 1 版	印　次:2023 年 7 月第 2 次印刷	
书	号:ISBN 978-7-5761-0090-7		
定	价:38.00 元		

谨以此书纪念长春解放七十周年

前　言

　　这部书稿是《长春城市史》一书中的一个组成部分。1990 年年初,应长春史志办之邀,吉林省社会科学院历史研究所四位学者和长春市委党校的两位学者参加了该书的撰稿工作。前者承担古代至长春解放部分,后者承担长春现代部分。经过研讨和分工,本人承担了从长春光复至解放这段历史的撰写任务。

　　系统地论述这段历史是个新的课题。因资料缺失,又无成书可以借鉴,即或有散见于报刊的文章,也多为个别事件的回忆,而缺少系统的论述。特别是关于国民党统治长春时期的史实,更是凤毛麟角,治市史者多有所避讳。为完成这项艰巨的任务,本人利用一年多的时间,查阅了大量的文献档案资料,在综合分析的基础上,完成了 20 余万字书稿的编写任务。在系统地论述这一时期历史变革的同时,对重大的历史事件,进行了专论。作为阶段性研究成果,其间发表了《1945—1946 年国共两党对长春的争夺》《光复后苏军与长春政局》《国民党统治长春时期的保甲制与连坐法》等文章,均为首次发表。

　　《长春城市史》一书,理应如期出版发行,但中途因故搁置,有位学者病逝,其书稿不知去向,使这部书稿终未问世。1995 年 2 月,《长春文史资料》第 47 辑刊发了《从沦陷到解放》一书,但并非书稿的全部。笔者已至耄耋之年,对书稿经过再次修订,便萌生了出版专书的想法。

长春,位于我国东北地区的中心,历来为兵家必争之地。1945 年 8 月 15 日,日本宣布无条件投降。8 月 19 日,苏军空降部队解放了日伪统治东北的政治中心——长春。

日伪法西斯统治的时代结束了,长春人民历经苦难和煎熬,翘首盼望着和平,然而和平并没有到来。解放战争随之而来,战争的硝烟又笼罩在历史名城长春的上空。

从 1945 年 8 月 19 日到 1948 年 10 月 19 日,在长春这块屏幕的画面上,国共两党的争夺正以不寻常的速度交替出现。国民党军在长春这个"陆地孤岛"上,固守了近两年半的时间,以失败而告终。长春,这座美丽的名城,饱经血与火的考验,终于重新回到了人民的怀抱。

生我者卜奎,养育我者长春是也。在这座文化之都,北国春城,我学习、工作、生活了 56 年有余。我的师友在这里,我的同仁在这里,我的亲人在这里。我热爱这片沃土,长春是我的第二故乡。2018 年 10 月 19 日正逢长春解放 70 周年,在我垂暮之年出版这部书,就是要人们铭记这段特殊历史的进程,不要忘却那战火纷飞、饥饿、恐惧、苦难的岁月,不要忘却血与火的考验,要珍爱和平,开创未来,建设美好的家园。

作者

2017 年 12 月于南湖新村

目　　录

第一章　苏军空降　长春光复

第一节　苏军进驻长春

1945 年 8 月 8 日,苏联政府宣布:自 8 月 9 日起,苏联已与日本进入战争状态。

8 月 9 日零点 10 分,苏军后贝加尔方面军、远东第一方面军、远东第二方面军及红旗阿穆尔河区舰队,从西、东、北三个方向,同时向日本关东军发起全面进攻。

8 月 17 日,苏军后贝加尔方面军通过沙漠区,翻越大兴安岭,兵分三路,以雷霆万钧之势,战张北、多伦、赤峰,克开鲁、通辽,进抵扎兰屯、博克图等城镇。南路,第十七集团军经赤峰向辽东半岛进发;中路,近卫坦克第六集团军经鲁北向沈阳挺进;北路,第三十九集团军经洮安、开通直逼长春。

面对苏军的强大攻势,日伪统治东北的中心——长春,到处充斥着溃败的景象。昔日象征日本帝国的菊形纹章,已从关东军司令部的大门上被拿掉;儿玉公园(今胜利公园)中,日本军国主义者的偶像——儿玉大将的铜像头部已被砍掉;装载着日本军人军族、满铁人员的逃难火车,每隔两小时开出一列,经安奉线(沈

1

阳至丹东)逃往新义州、平壤,经吉林、梅河口逃往通化、平壤。而搭乘不到火车南逃的一般日本市民,则被命令修筑长春防御工事。"城内到处充满了焚烧重要文书的烟雾,甚至在空袭警报中,亦焚烧得满天通红。"①长春处于混乱之中。

为迅速攻占东北腹地的战略要地,制止日军在混乱中销毁重要物资,尽快解除日军武装并解放日军占领区,远东苏军总司令华西列夫斯基元帅命令:"鉴于日军的反抗已被摧毁,而道路不通的情况却严重阻碍我军主力迅速前进完成既定任务,为了立即占领长春、奉天(今沈阳)、吉林和哈尔滨这几个城市,必须派出专门编组的、武装精良的快速支队。还必须用这些支队或与此类似的支队来解决各项后续任务,不要怕它们离自己的主力太远。"②8月17日,根据远东苏军总指挥部的命令,苏军后贝加尔方面军军事委员会决定,派方面军司令部作战处处长阿尔捷缅科上校为全权代表,率空降兵飞往长春会见日本关东军司令官山田乙三,命其签署无条件投降书。8月19日8时,C-47型飞机载着军使团由通辽起飞,在9架歼击机的护航下,直飞长春。苏军后贝加尔方面军同时电告山田乙三,电文如下:

今日,8月19日8时整,后贝加尔方面军司令员的全权代表阿尔捷缅科上校率领由5名军官和6名列兵组

---

① [日]森正藏:《关东军的最后末日》,《八·一八这一天》,光明日报出版社,1985年版,第187页。

② [苏]华西列夫斯基:《越过"满洲"边境之后》,《八·一五这一天》,光明日报出版社,1985年版,第443页。

成的军使团,乘 C-47 型飞机,在 9 架歼击机的护航下,前往关东军司令部递交敦促无条件投降和停止抵抗的最后通牒。我最后一次要求保障并担保这次飞行的安全。对国际法如有违反,您个人要承担全部责任。

后贝加尔方面军司令员、苏联元帅

Р·Я·马利诺夫斯基(签字)①

8月19日12时,伪满洲国"首都"上空阴云密布,细雨蒙蒙。在不宜飞行的恶劣气候条件下,3架苏军歼击机在其他战机的空中掩护下,如雷鸣闪电,突然从天而降,降落在日本军用机场的中央。一排排骄横一时的日军战机,霎时成了苏军的战利品。日军飞行员个个惊恐万状,士气沮丧。运载着军使团的运输机随即安全着陆,阿尔捷缅科上校在苏军军官和关东军代表的陪同下,乘自备汽车路经日军设防的工事和关卡,到达关东军司令部,会晤山田乙三。

在关东军司令部,苏军全权代表递交了最后通牒,要求日军"立即全线停火和停止抵抗;放下武器;所有部队迅速撤出'首都'及其附近地区,到我指定的地点集中;签署无条件投降书"。②"无条件投降"如五雷轰顶,使关东军司令官坐立不安,这个恶贯满盈屠杀中国人民的刽子手竟然以各种借口拖延时间,妄图扭转乾坤,把无条件投降说成是"停战谈判"。山田乙三的梦幻,被伪

---

① [苏]М.В.扎哈罗夫:《结局》,上海译文出版社,1978 年版,第 269—270 页。

② [苏]М.В.扎哈罗夫:《结局》,上海译文出版社,1978 年版,第 271 页。

满"首都"上空震耳欲聋的马达轰鸣声所打断。他所看到的是一大群苏军重型轰炸机在歼击机的护航下在头顶盘旋,运输机载着500多名空降兵一架接一架地在机场着陆,自动枪手们迅速占据了发电站、银行、广播电台和其他重要目标。苏军全权代表阿尔捷缅科坦率地告诉关东军司令官:"这些飞机是我叫来的,是来帮助我顺利地进行谈判的","我作为这些部队的军事首长可以向您保证,不管您要采取什么行动以及对我的态度如何,假如在约定的时间内,我不能向我军指挥部报告肯定的结果,被你们变成军事堡垒的长春市及其城郊必将遭到积极的、破坏性的空中轰炸……"①面对现实,关东军司令官变得规矩了。山田乙三按照苏军的要求,通过广播发布了立即停火,向红军投降的命令,并签署了无条件投降书。伪满洲国总理大臣张景惠,按照苏军的意旨,通过电台向东北人民宣布:日军已经投降,并已放下武器,战争已经停止,红军进入我国境内是为了从日本占领者统治下解放人民。② 长春市内15000名守军在苏军的押送下,走向指定地点缴械投降。

1945年8月19日,是长春经历伪满14年黑暗统治获得解放的一天,是饱经苦难的长春人民获得新生的一天。苏联红军的伟大功绩将永远载入史册。

8月20日,苏军后贝加尔方面军机械化部队开进长春。在苏军通往市区的大街小巷,长春人民用掌声和欢呼声欢迎苏军的

---

① 〔苏〕M.B.扎哈罗夫:《结局》,上海译文出版社,1978年版,第271—272页。
② 〔苏〕M.B.扎哈罗夫:《结局》,上海译文出版社,1978年版,第272页。

到来。

8月24日,苏军后贝加尔方面军司令员马利诺夫斯基元帅和军参谋长扎哈罗夫大将飞抵长春。31日,后贝加尔方面军司令部从王爷庙(今乌兰浩特)迁至长春,设于日满军人会馆(今吉林省公安厅址)。9月3日,苏联远东军总司令华西列夫斯基元帅到达长春。

从8月18日至22日,苏军空降部队先后解放了哈尔滨、长春、沈阳、大连和旅顺。关东军的覆灭,加速了日本投降的进程。

在苏联红军挺进东北的前后,东北抗联武装力量配合苏军,在对日决战解放东北的过程中,发挥了重要作用。苏联对日宣战前夕,进入苏联境内的抗联教导旅"首先派出340名指战员作为第一批先遣支队到苏军,进行统一军事训练。8月8日宣战时,有160人被派到苏联第一方面军,有80人派到第二方面军,有100人派到后贝加尔方面军,作为先头部队执行特殊的战斗任务"①。他们同苏联红军并肩战斗,浴血奋战,为解放东北立下了不朽的功勋。8月11日,抗联教导旅最后一批400余名指战员即将奔赴前线的时刻,突然接到了苏联最高统帅斯大林的电报:"东北是你们中国人民的东北,苏联红军的任务是解放东北,建设东北的任务是你们的。待命。"②于是抗联教导旅改变了进占佳木斯的作战计划,拟订了进占东北57座城镇的行动方案。为应付各种复

---

① 王一知:《"八•一五"前后的东北抗日联军》,《辽沈决战》,人民出版社,1988年版,第159页。

② 赵素芬:《周保中将军传》,解放军出版社,1988年版,第475页。

杂的局面,周保中更名为黄绍元,张寿篯更名为李兆麟,崔石泉更名为崔庸健,王一知①更名为佟涤新,于保合更名为万内等。② 从1945年8月中下旬至9月初,抗联指战员迅速完成了对东北三省57座城镇的进驻,并建立了地方人民政权。他们以驻地苏军卫戍司令部副司令员的公开身份,负责建党、建军和建政工作。

　　1945年9月8日15时,周保中率部百余人飞抵长春。③ 周保中任东北人民自卫军总司令,④兼任苏联红军长春卫戍司令部副司令。9月9日,苏联远东军总司令华西列夫斯基元帅看望周保中,并允诺其扩军急需武器的要求。于是,周保中向东北十几个大小城市的卫戍副司令下达了"抢运武器,扩充军队"的指令,并要求立即查封所辖城镇和地区的反动报刊,解散反动组织,消灭土匪,维持社会治安。⑤ 周保中率部到达长春后,一方面协同苏联红军接管日伪政权,收缴敌伪武装和物资;一方面以抗联干部和中共长春地下党干部申东黎、傅根深⑥等为骨干,在长春发

---

　　① 王一知,祖籍山东,吉林人,寄住依兰,毕业于佳木斯师范学校。1935年16岁,参加中国共产党青年团,翌年加入中国共产党,担任该地党组织领导并从事农民及学生抗日救国运动。1936年与胥杰结婚,1939年春,胥杰为国捐躯。1939年10月6日,与周保中结为伴侣。1945年9月8日,随周保中到达长春。

　　② 赵素芬:《周保中将军传》,解放军出版社,1988年版,第476页。

　　③ 《周保中同志在东北抗日游击斗争中日记片断(1936—1945)》。

　　④ 1945年9月初,以抗联为主在长春组建了东北人民自卫军,周保中任总司令兼政委,到10月中旬已发展到4.8万人。尔后,与挺进东北的八路军、新四军合编为东北人民自治军。

　　⑤ 赵素芬:《周保中将军传》,解放军出版社,1988年版,第478页。

　　⑥ 傅根深,河北清苑县人,1904年生。1943年春受中共派遣重返长春,开展地下工作。1945年9月,任吉长部队政委。同年12月15日,在支援长岭战斗中英勇牺牲。

动群众,组建人民武装,建立地方人民政权。同时,与那些以"国民党地下工作者"为掩护的汉奸、走狗、警察、特务,进行了坚决的斗争。不仅解散了警备队,逮捕了大批"地下军"的特务,还查封了地方反动报刊。为迎接八路军进入吉林,进入长春,奠定了立脚的根基。

在苏联对日宣战的第二天,中共中央主席毛泽东发表了关于举行全国规模对日反攻的声明。8月11日,八路军总司令朱德发布延安总部第二号命令:令原东北军吕正操、张学思、万毅所部和在河北、热河、辽宁边境之李运昌部即日向辽宁吉林进发。[①] 8月30日,冀热辽军区李运昌部在苏军的配合下,攻克山海关,为八路军打开了通向东北的门户。9月4日、5日进驻锦州、沈阳,并成立了沈阳市人民政府。9月10日,进入沈阳担任苏军卫戍副司令的抗联将领冯仲云电告周保中:"冀热辽军区李运昌部的先头部队曾克林已率3000人进驻沈阳。"[②]于是,周保中命令进驻长春广播电台的王一知和乔邦信立即播发八路军出关已占领沈阳的消息,号召人民紧跟共产党,踊跃参军,肃清敌伪残余,为争取祖国的和平、民主、团结而斗争;同时,请华西列夫斯基元帅提供飞机派代表飞赴延安。华西列夫斯基高兴地说:"咱们想到一起去了。沈阳进驻了八路军曾克林部队,出现了一些新情况,应与延安联系解决。"[③]9月14日上午,曾克林在原抗联教导旅第一营大

---

① 《延安总部发布受降及配合苏军作战第二号命令》,《"八·一五"前后的中国政局》,东北师范大学出版社,1985年版,第48页。

② 王一知:《"八·一五"前后的东北抗日联军》,《辽沈决战》,人民出版社,1988年版,第164页。

③ 赵素芬:《周保中将军传》,解放军出版社,1988年版,第479页。

尉军官、周保中的部下卫斯别夫陪同下,带着周保中给中共中央的亲笔信飞抵延安。刘少奇及其他中共中央领导同志热情接待了他们。中共中央根据当时国内外的形势,作出了"向北发展,向南防御"的战略决策,并立即派彭真、陈云、伍修权、叶季壮、段子俊、莫春和等随机飞赴沈阳。

　　1945 年 9 月 20 日至 23 日,周保中等在沈阳向中共中央领导汇报了东北抗日联军 14 年的斗争及进驻东北 57 座城镇的情况和当前各项紧迫的工作,同时移交了中共中央东北临时委员会的全部工作及档案材料。从此,东北党委会完成了历史使命。陈云阐述了中共中央制定的在东北要自力更生,放手发动群众,壮大人民力量,针锋相对,寸土必争的方针。同时指出:要利用你们穿苏军军装的有利条件,控制铁路交通沿线,迎接党中央派往东北的大批干部的到来。① 周保中返回长春以后,立即向 57 座城镇的卫戍副司令传达了中共东北局的指示精神。在长春,抗联干部、长春地下党干部与东北局派来的干部密切配合,积极从事着建军、建党和建政的各项工作。

第二节　实行军事管制

　　长春是伪满洲国的政治中心,苏军进驻长春后,于 8 月 20 日在伪协和会中央本部(原斯大林大街 76 号,吉林省军区军人俱乐

---

　　① 王一知:《"八·一五"前后的东北抗日联军》,《辽沈决战》,人民出版社,1988 年版,第 165 页。

部)成立了长春城防卫戍司令部。苏军加尔洛夫少将任司令,东北抗日联军将领黄绍元中校(即周保中)任副司令。同日,用中、日、苏三国语发布文告,对长春实行军事管制。

(1)从即日起,由苏军卫戍司令官负责长春市的治安。

(2)以苏军的名义,保障驻长春市的各国人的生命财产安全。

(3)官厅、会社照常继续执行公务。庶民勤于生业。商店立即开业。

(4)要绝对服从苏军的命令,违者严惩。

(5)下午八时以后,禁止一般市民外出。①

苏军卫戍司令加尔洛夫遂召见原伪满勤劳奉仕部大臣兼新京特别市市长于镜涛,命其继续担任市长,并协助苏军维持市内秩序,保证供电、供水、民用和军需物资的正常供应。于镜涛任用的市府官员,仍照常留用。赵万斌为公安局局长,崔正儒为财务处处长,曹肇元为总务处处长并总管市府一切事务。卫戍司令部派红军代表抗联干部齐连升中尉等到市府监督工作。同时,派红军代表接管了公安局、电话局、邮电局、放送局(广播电台)等要害部门。

1945 年 9 月 27 日,经卫戍司令部副司令周保中推荐,苏军委派伪满驻军军官学校教官张庆和接替赵万斌,任公安总局局长。10 月初,在中共长春市委的安排下,经苏军同意,委任中共一二

---

① [日]满蒙同胞援护会编:《满蒙终战史》,河出书房新社,1962 年版,第 156—157 页。

○师锄奸部部长李成功(即李俭珠)为公安总局副局长。同时,苏军向 8 个分局派出了红军代表兼军事股长:一分局白萍、二分局王秉厚、三分局张华南、四分局李广学、五分局石斌、六分局王玉成、七分局宋焕然、八分局张恩。①

为迅即传播中共的方针政策,团结教育人民群众,周保中率部到达长春后,通过苏军立即委派王一知和乔邦信接收了伪满新京放送局。放送局是伪满时期的要害部门,电台的技术工作和关键部位均由日本人操纵和控制。当王一知和乔邦信身着苏军军官服装,带着苏军战士接收时,受到中国工作人员的欢迎,而日本人则态度冷漠。王一知向日本职员申明:只要好好工作,为中国人民服务,为世界和平服务,我们决不会伤害你们,也不会歧视你们。同时,严厉地告诫心怀叵测的人,如果胆敢搞破坏活动,将严惩不贷。② 当时,电台戒备森严,内外均由苏军站岗警卫,但仍发生过打黑枪的事件。

9 月 10 日,当王一知得知冀热辽军区李运昌部的先头部队进驻沈阳的喜讯时,便立即撰写报告,火速播出,使红色的电波传遍了东北城乡,鼓舞了人民的斗志。后来,李运昌见到王一知时说:"抗联同志们播出我们出关的消息后,每天投奔八路军的青少年成千上万。当时,拥护共产党,跟共产党求翻身解放,已是大势所趋,人心所向。"③

---

① 臧家声:《长春市人民公安史长编(1945.8—1949.9)》,长春市公安局公安史研究室,1989 年版,第 6 页。

② 玄金璞:《接管长春广播的第一个回合》,《长春史志》1987 年第 5 期。

③ 赵素芬:《周保中将军传》,解放军出版社,1988 年版,第 479 页。

苏军在对市政机关和要害部门实行军管的同时,对长春站仓库、中央银行、关东军兵工厂、关东军汽车厂及其重要建筑物等进行接收,一些重要物资和设备被运往苏联。

在苏军进驻长春的前后,伪满大臣们追随其主子在溃败和逃亡的过程中,仍企图苟延残喘,以求一逞。然而历史是无情的,等待他们的不是官运亨通,而是异国的铁窗生涯。

8月25日,苏军卫戍司令部通知所有的伪满大臣到原关东军司令部开会。当张景惠等人到会后,苏军柯瓦廖夫大将和一名苏军中将对他们说:"目前长春局势还不算稳定,你们呆在这里很不方便,我们认为你们还是到苏联去比较好。"①苏联将军的简短讲话,使这些伪满大臣们不知所措,无言以对。这些伪满大臣分作两批被押送至苏联赤塔附近的一所疗养院,后转押到伯力的红河子监狱。

当时被苏军逮捕关押的伪满大臣有:伪满洲国总理大臣张景惠、伪宫内府大臣熙洽、伪参议府议长臧式毅、伪军事部大臣邢士廉、伪外交部大臣阮振铎、伪厚生部大臣金铭世、伪交通部大臣谷次亨、伪兴农部大臣黄富俊、伪经济部大臣于静远、伪国民勤劳部大臣于镜涛、伪文教部大臣卢元善、伪司法部大臣阎传绂、伪满驻南京大使吕荣寰等。② 侥幸没有入网的有:原伪经济部大臣韩云阶、伪民生部大臣孙其昌、伪驻日本大使谢介石、伪中央银行副总

---

① 一辰:《有关"八·一五"前后一些史料的辩证》,《长春史志》第五期,1989年10月30日版,第61页。

② 吉皓:《伪满大臣们的结局》,《八·一五这一天》,光明日报出版社,1985年版,第258页。

裁蔡运升等。伪中央银行总裁荣厚当在拘捕之列,但苏军误将溥仪的岳父荣源抓去,荣厚才得以逃脱。被拘押的日本军政官员有山田乙三、秦彦三郎、吉冈安直、桥本虎之助等。

日伪要员被苏军拘捕以后,以张景惠为首的"东北地方维持会"亦被苏军取缔。伪市长于镜涛被押送苏联以后,由伪市府总务处处长曹肇元接任市长职务。

第三节　动荡的长春政局

苏军进驻军管长春以后,即将宽阔笔直的大同大街改称为"斯大林大街"。在大同广场(今人民广场)四周的高大建筑物上悬挂着马克思、恩格斯、列宁、斯大林的巨幅画像。每当夜幕降临之际,广场四周灯火通明,红旗招展,景色壮丽,是饱经14年黑暗统治的长春人民从未见过的和平景象。

然而这种和平只是表面的,在阴暗的角落,反动势力反苏、反共、反人民的罪恶活动,一刻也没有停止过。据《长春市人民公安史长编》记载:以罗大愚为首的国民党东北党务专员办事处、以王宏文为首的长春市党务专员办事处、以石坚为首的国民党吉林省党部系统,分别在东三马路新新旅社和永春路振兴合仓库公开挂出了招牌;伪禁卫步兵团樵名远部于8月16日宣告独立,组织驻防军自称司令,擅发布告,自立山头;伪宪兵团金济春部以维持治安为名独立行动;伪军高射炮部割据二道河子,招兵买马,独树一帜。还有地下国民党员陈新民自称陆军上将,受蒋介石委任来东北搞地下建军,挂起了"东北党政军联络部"的招牌;国民党旧军官何柱国、郭长升等组建了"第十五集团军先遣军整编司令部";旧军阀马占山部下张益三等建立了"东北挺进军"。以护国般若寺和尚为掩护身份的军统要员谭文治和自称是中央军事委员会军事特派员的伪军校区队长佟泉有,伙同吉林省党部的石坚,大造舆论,收买人心,进行扩军活动;军统分子李树德乘机蛊惑伪满军校学生去九台县接管地方政权;朝鲜人组织了大韩民团、光复军等等,一时间把长春的局势搞得乌烟瘴气,动荡不安。

长春是伪满的新京,也是日本军政人员较为集中的地方。据有关资料统计,长春当时有日本人 128595 名。[①] 关东军溃败时,一些东北北部各大城镇的日本人多流入并滞留于长春。苏军进驻长春,日本军政要员山田乙三等被苏军逮捕以后,少数日本军人并不甘心于失败,他们四处活动,或组织秘密团体,或与国民党地工人员相勾结,妄图东山再起。

据伪牡丹江地方保安局特谍班班长市原利行供述:他从牡丹江逃到长春以后,即与国民党地工人员,原伪满洲国军官学校上尉教官孙镜洁相勾结,并取得孙的信任。市原利行与原伪新京地方保安局特谍班班长平田密谋后,以救济日本难民为名,于 1945 年 9 月 15 日,在长春市梅枝町四丁目十四番地成立了"协力会",意在要求滞留的日本人协助国民党接收长春。后经前绿园学院副院长永富直明提议,在"协力会"的基础上,又成立一个所谓"鸡鸣会"。"鸡鸣会"由永富直明负责,菊谷鹰司为参谋,市原利行负责与国民党联系。"鸡鸣会"的宗旨,是通过"协力会"利用国民党

---

① 长春市档案馆档案历 20-1-413 号卷。

的力量,为重建日本帝国而"鸡鸣"。永富直明曾命令菊谷鹰司负责编拟谍报网设置计划及联络谍报要领。同时,以谍报班为主力,复活保安局,并以经商为掩护,在日本设立本部,在中国设立支部。利用同国民党之间的贸易筹集资金,以优厚的待遇网罗日本所有的科学技术专家,使之发明赢得战争胜利的秘密武器。为了欺骗群众,"鸡鸣会"拟创立一种迷信与现代科学合二而一的新宗教,以博取无知民众的崇拜,并故意把这种影响渗透到中国人和蒙古人中去。

刺探搜集驻长苏军情报,是国民党地工人员和日本法西斯分子一项重要的任务。"鸡鸣会"曾与日本法西斯团体"黑龙会"秘密派员潜入苏军设置于长春市兴业银行的一个调查室,并在长春至四平铁路沿线,派谍报人员调查苏军武器兵员调动情况,用密码报告给孙镜洁。

市原利行根据孙镜洁的命令,曾派员调查未放下武器的日军在各地据守的情况,准备将在通化的一支日军残余部队和在四平、千山等地的溃散日军组成武装部队,协助国民党进行接收。与此同时,日本法西斯分子吉川等,则组织各地的开拓团成员编成"二二六总队",预谋到沈阳发动叛乱。①

"协力会"和"鸡鸣会"的首要分子永富直明和市原利行分别于 1946 年 1 月和 2 月被苏军逮捕,菊谷鹰司则病死长春,他们的阴谋才没有最后得逞。日本军人中的少数反动分子与国民党地工人员相勾结所进行的罪恶活动,使已经动荡不安的长春政局趋

---

① 长春市公安局档案室日伪档案。

于复杂化,更加混乱和不安。

长春光复后,以张景惠为首的地方维持会及各种牌号的国民党地工人员又大造国民党接收长春的舆论,因而长春市民对中国共产党及中共领导下的人民军队还很不了解,甚至有不正确的认识。一些伪官吏、伪警察们希望国民党能接收长春,这样"可以由地下一下子变成地上",可以继续升官发财,鱼肉人民。长春有个"姓王的地主,他儿子是清华大学的,参加革命了,是八路军某部的后勤部部长。这老头子听说儿子当了八路,就说,我得查查祖宗三代,有没有杀牛的,怎么出了共产党?还说,他念书时,我也没缺他什么,他怎么跟穷党在一起了"。① 这些人从思想上敌视共产党,欢迎国民党,为维护他们的既得利益,同反动势力沆瀣一气,是由其本性所决定的。一些中产和自由职业者,有些人对中共根本不了解,他们轻信国民党的宣传,认为"八路没有一个好人,成不了大气候","二十多岁小孩,两尺半大棉袄,扛着大枪能打仗吗?"凡是当时街上出现抢的、偷的,都贴在八路军、共产党身上。② 有些人对中共有初步的了解,但采取观望的态度。宋平是位医生,他的两个姐姐从延安回来,他相信姐姐没有走错路。共产党是看到了,但他还想看看国民党,还要看一看,等一等。③ 要进行一番比较,谁个优,谁个劣,然后再决定跟谁走。有这种思想

---

① 徐慎同志在长春解放斗争史座谈会上的发言摘要,《长春党史资料》第三辑,长春市地方史志编纂委员会,1989 年版,第 54 页。

② 徐慎同志在长春解放斗争史座谈会上的发言摘要,《长春党史资料》第三辑,长春市地方史志编纂委员会,1989 年版,第 54 页。

③ 徐慎同志在长春解放斗争史座谈会上的发言摘要,《长春党史资料》第三辑,长春市地方史志编纂委员会,1989 年版,第 54 页。

的人,在这个阶层中,应该是多数。长春市广大劳动人民,有一部分人对共产党比较了解。长春东荣区(八里堡)是个贫民区,大部分居民是因日寇扫荡而从山东、河北革命根据地跑到长春来的,其中相当一部分人是村干部,他们拥护共产党,这里已变成长春市的小根据地;还有一些人则了解一点或不了解。

苏军进驻长春以后,中国共产党在长春的活动,尚处于半公开的状态,中共的影响还是微弱的。日伪及国民党的欺骗宣传以及苏军有时发生的违纪现象,都影响了群众对中共的看法。因而反动势力利用这种环境和条件大肆活动,白天黑夜,冷枪此起彼伏。表面上似乎平静的长春,实际上并不太平。

第四节　困厄的城市生活

"八一五"光复,日本帝国的垮台,伪满小朝廷的覆亡,被日伪奴役 14 年、受尽欺凌和剥削的长春市民,才感受到换了天地,换了人间,呼吸到了自由的空气,才敢说自己是堂堂正正的中国人。人们似乎在精神上获得了自由和解放,但并没有真正理解"自由"和"解放"的含义。面对严酷的现实,人们惊奇地发现,日本人不行了,可伪满官吏和警察却摇身一变,成了无政府时期的主宰者。苏军进驻长春以后,尽管拘捕一些日伪要员,但仍有相当一部分伪满官吏和警察被任用,他们仍然作威作福,鱼肉人民。人们经历了短暂的"自由"和"解放"后,又陷入了困厄、苦闷和惶恐之中。

"八一五"光复时,长春人口计 80 余万。日伪统治长春时,

1943 年共有大小企业 440 多个。① 在中国人中,多数从事着农业、手工业、商业、交通运输业和公务员等职业。日本宣布投降后,日本资本家及其代理人纷纷逃离长春,致使商店关门,企业倒闭,店员工人失业,断绝了经济来源,生活难以为继。日商经营的"三中井"(今百货大楼址),是仅次于"宝山"(原长白山商场址)的大百货商店,到 9、10 月间仍然大门紧闭,百余名店员失去了生计。帝国印刷厂(原长春印刷厂址)一些主要机器部件被拆走,因而被迫停产,工人只好另寻生路。一些工厂虽然勉强维持生产,但仍保留着压迫工人、歧视工人的制度。如长春卷烟厂压低工人的工资和降低女工、童工的待遇,男女之间同工不同酬,许多工人在经济上不能维持最低生活。有时不能正常发放工资,只能发几条烟作为报酬。工头仍像过去一样打骂工人,上下班实行搜身制度。光复以后,伪满时期遗留下来的食品、印刷、服装、烟草、建筑等一类的轻工业和修理服务性工业,或因资本家逃亡,或因原料短缺,或因主要机器部件被拆走,纷纷倒闭,工人陷入了贫困的境地。

光复后的长春,市场上仍然流通使用伪币。1945 年 9 月,苏联红军进驻长春以后,曾令伪满中央银行增印无号码的伪国币,发行额约 97 亿元。1945 年 12 月 11 日,根据中苏两国协定,苏联红军发行军票,到 1946 年 6 月 11 日苏联政府照复,已发行

---

① 《长春市人民政府 1949 年上半年度工作报告》(1949 年 9 月 28 日)。

9725 百万元。① 大量伪国币和红军票的流通,使长春市出现了前所未有的通货膨胀,使长春市民更难以维持生计。国民党"接收"长春以后,国民党中央银行长春分行于 1945 年 12 月 22 日,又发行了东北九省流通券,并规定与伪满币、红军票等值行使。② 三种货币的同时流通,国民党"接收"大员的乘机掠夺,把长春人民进一步推向水深火热之中。

面对工厂倒闭,商业萧条,工人失业,通货膨胀日益恶化的形势,长春市出现了一种奇特的交易方式,即破烂市场应运而生。这种破烂市场无人统一管理,就地摆摊,随处可见。较大的破烂市场有东盛、桂林、东大桥等处。出售的多为服装、鞋帽、字画、古钱、家具等旧物及日用品。其中日本军大衣、翻毛皮鞋、毛毯等成为畅销货。这些日本军需品,多为市民从日伪仓库中拣"洋捞"得来的。在破烂市场上,既有人们日常需用的物品,也有清宫秘室中的稀世珍宝。1945 年 8 月 11 日,溥仪仓皇出逃通化时,仅从小白楼库房中用了大半天的时间,挑选了百余件书画精品及珠宝首饰、钻石翡翠等逃上了东去的列车,而剩下珍本古籍及大量的国宝仍遗留在伪帝宫中。溥仪出逃以后,一些伪军发现了这个储藏国宝的库房,有识货的知道这是值钱的古代字画,于是一哄而抢。后来有些伪军衣食无着之际,把那些从伪皇宫掠来的字画拿到破烂市场上廉价出售,以作为回归乡里的路费,或换取几张红军票

---

① 1946 年 6 月 22 日,南京政府王世杰给东北行营主任熊天翼的密电,辽宁档案馆 JE1-3-497 号卷 02820—02824 页。

② 李捷:《举世罕见的通货膨胀》,长春市档案馆档案历 20-1-809 号卷。

以养家糊口。长春市破烂市场的出现,是市民在无以维持生计的情况下,变卖家私,赖以糊口的一种谋生手段。这样的市场不仅长春有,东北各地城镇也都有,这是在当时特定的历史条件下的产物。

困厄的城市生活,使社会秩序更加动荡不安。一些人为了生存,为了糊口,竟然在光天化日之下去偷去抢。有个别的苏联红军不付分文,见好吃的就拿,见值钱的就抢的事,也时有发生。结果闹得人人自危,惶惶然不可终日。在如此艰难的生活条件下,往日以大米为主食的日本人,也只好调换口味,尝尝高粱米、小米和大煎饼的味道了。为了生计,一些日本人除了变卖糊口外,"大部分难民都和多少有点本钱的结合起来开露天小铺,在街头摆摊,或者出劳役、卖工夫等赖以糊口"。① 又据《满洲国史》记载:日本人"因为生活困苦,道德观念下降,盗窃行为猖獗。为了追求金钱的目的,充当中国官宪密探的、或告密战犯嫌疑分子的、挖日本人自己的墙脚自相残杀的,不一而足","因而,促使整个社会笼罩在更加不安的气氛之中"。②

日本关东军投降前后,驻长日军第一〇〇细菌部队乱行抛弃繁殖菌蚤的野鼠和容器,致使长春及东北部分地区伤寒、霍乱、鼠疫流行,危害长达两年之久。据何明阁在《日军细菌部队在吉林

① [日]满洲国史编纂刊行会编:《满洲国史》(总论),黑龙江省社会科学院历史研究所,1990年版,第852页。

② [日]满洲国史编纂刊行会编:《满洲国史》(总论),黑龙江省社会科学院历史研究所,1990年版,第852页。

的兽行》一文记述:1945 年冬,长春孟家屯石虎洞一带鼠疫蔓延;德惠城乡霍乱流行,染病者达 4 万余名,其中死亡 2 万多人。《1946 年霍乱流行惨状》介绍,仅 8 月初的一天,在铁道南毛子坟就埋掉 80 多具尸体,包括镇郊的龙凤山和前后湾子等地在内,共死亡 2000 多人。太平庄全村 3000 多口人,死亡 600 人。太平桥附近的一个小屯平均每天死 12 人。夏家店茶条林子仲彦斌家族 97 口人,大都染上霍乱,死了 40 人。饮马河边黄船口 20 多户人家,就死了 50 多口人。1945 年 8 月 20 日,日本投降后,第一〇〇部队还继续犯罪。几个技术员将鼻疽菌掺入燕麦喂给 60 匹马,然后驱散,使附近农村马染病。①

　　日本帝国主义分子在溃败之际,仍企图利用细菌武器加害于中国人民,致使疫病流行,生灵涂炭,其滔天罪行,令世人为之震惊和愤慨。

　　1945 年秋,驻长苏军当局于大同广场(今人民广场)中心,修建了苏军烈士纪念塔,以纪念在反对日本法西斯战争中牺牲的苏联红军烈士。

　　塔为苏式造型,采用花岗岩砌成,高 27.75 米,塔身正面,背面的下方,分别铸有俄文题词:“为苏联的荣誉和胜利在战斗中牺牲的英雄们永垂不朽。”“这里埋葬着为苏联的荣誉和胜利在战斗中英勇牺牲的后贝加尔湖方面军的飞行员。”塔身侧面的俄文铸

---

　　① 何明阁:《日军细菌部队在吉林的兽行》,《长春晚报》,1995 年 7 月 29 日,第 5 版。

字是 23 名烈士名单。塔身上方的中文题词充分表达了长春市各界人民对苏联红军烈士的深切悼念。[1]

---

① 纪念塔左侧文物保护标志牌牌文。

第二章 中共建立民主政权

第一节 长春的战略地位及中共长春市委
面临的任务

长春市位于东北腹地,松嫩平原东南端,大黑山西缘,北面是一望无涯的沃野,在北纬 43°26′至 44°5′,东经 125°至 125°34′之间。东邻九台县、双阳县,南连伊通县,西接怀德县,北依农安、德惠两县。伊通河由南向北纵贯长春市及郊区。①

长春市是贯通中长路、长图铁路及东北境内各铁路线的交通枢纽,战略地位十分重要,为历来兵家必争之要地。九一八事变后,伪满洲国就曾建都在这里,称之为"新京"。在日本法西斯军队占领时期,曾在市内及近郊修筑了许多永久性、半永久性工事。伪满的"皇宫"及政府各部,日本关东军司令部,各大银行公司的总部均设于此,长春遂成为日伪统治东北的大本营。"八一五"光复,苏军进驻东北时期,苏军总部、抗联领导下的东北人民自卫军司令部、国民党东北行营均设在这里。事实上,长春已成为这一

---

① 伊通河《金史》作益褪河,《明史》作一秃河,又名伊图河,清作伊通河。源于吉林省磐石县城西库勒岭西侧,经伊通县向北入长春市,由兰家乡出境。

时期东北的政治中心。在国共两党争夺东北的殊死搏斗中，长春居于特别突出的重要地位。

中共中央非常重视在长春的党组织建设和发展工作，重视党领导下的群众运动。在日伪覆亡的前夕，中共中央就曾从延安、晋察冀和各根据地派人到长春搞地下工作。从1942年开始，晋察冀分局领导下的东北工作委员会派往长春的有申东黎、苏东、徐慎、王锋等同志，早期派往长春的还有傅根深同志；晋察冀分局情报系统派往长春的有赵东黎①同志；太行山根据地派往长春的有刘健民同志；中共领导下的日本东京东北青年救亡总会派往长春的有田琛、关克、高亮等同志。这些同志到长春以后，多为单线活动，当时主要的任务是：长期隐蔽，积蓄力量，等待时机，配合反攻。②

1945年8月8日，苏联对日宣战，长春地下党为配合苏军对日作战，开始秘密串联群众，组织队伍，准备迎接苏联红军解放长春。苏军进驻长春以后，申东黎、赵东黎、刘健民、傅根深等先后

① 赵东黎，1914年生于辽宁省岫岩县。幼时喜欢读书，1931年考入岫岩中学。1933年10月，流亡北平，考入东北大学历史系。1938年8月，奔赴革命圣地延安，就读于陕北公学，系统地接受了马列主义教育。1941年，被安排到晋察冀分局社会部冀东情报联络站参加培训，并任情报研究员。1943年，化名张明，携带电台，以买卖人的身份，由晋察冀分局社会部派往吉林省农安县设联络站。在日伪统治时期，以"义增德"杂货店"伙计"为名，进行了"长期潜伏，隐蔽斗争"。1945年8月20日，奉调长春，与傅根深、刘健民等组成临时工作组，负责群众团体宣传工作。9月，中共长春市委成立，任市委委员、宣传部部长。1946年4月18日，任长春宽城区委书记，后任额穆县县长。长春解放后，历任长春市教育局局长、市委宣传部部长、市委统战部部长、市基建工作部部长、省外事办主任。1985年4月25日病逝，时年71岁。

② 《长春党史资料》第三辑，长春市地方史志编纂委员会，1989年版，第51页。

与苏军司令部和周保中取得了联系。9 月中旬,申东黎与徐慎到达沈阳,与中共中央东北局接上了组织关系。9 月 30 日,根据东北局书记彭真指示,组建了中共长春市委员会,申东黎任书记,徐慎负责组织工作,赵东黎负责宣传工作,傅根深和刘健民负责武装工作,王永生任市委秘书长,市委机关设在民康大楼(原西三道街 84 号)。同年 10 月 9 日,东北局派石磊任书记,申东黎为副书记,并决定市委由周保中领导。11 月 10 日,吉林省工委成立后,改由省工委领导。

抗战胜利后,各方面的力量都在力图影响控制长春,形成了十分复杂的动荡局面。根据中共中央制定的"向北发展,向南防御,尽快控制东北"的战略决策及长春所处的战略地位,当时中共长春市委的主要任务是:抓紧建党、建军、建政,广泛发动群众,培养干部,宣传中共的政治主张,扩大党的影响。而在农村则主要是搞减租减息和扩大武装。①

中共长春市委成立后,立即着手组建各区党委。陈维清和抗联的周秉先后被派往大同区与和顺区工作,陈维清兼任两个区的区委书记。冯维民任宽城区委书记,高位任东荣区委书记。② 据申东黎回忆,时任区委书记的还有贺凌与王永生。当时区委的主要工作是发动与组织群众,发展党的组织,扩大党的影响。③

和顺区是工业区,工人多,是中共长春市委开展工作的重点

---

① 申东黎谈话记录(1959 年 6 月 19 日),长春市档案馆档案历 20-2-46 号卷。
② 玄金璞:《中共长春市委的成立及其主要活动》,《长春党史资料》第四辑,长春市地方史志编纂委员会,第 52 页。
③ 申东黎谈话记录(1959 年 6 月 19 日),长春市档案馆档案历 20-2-46 号卷。

之一,区委办公地址设在北大街银行(原长春橡胶厂)。区委曾组织几十名工人,共同生活,吃大锅饭,边学习边工作。白天分若干小组去调查敌伪物资,然后座谈,进行宣传教育。从 10 月初到 12 月中旬,先后发展了 20 多名中共党员。区委还组织新党员学习了《论联合政府》《论解放区战场》《论党》等论著,①不断提高新党员的政治觉悟,在解放与建设长春的过程中发挥了重要作用。

鉴于长春所处的重要战略地位,又是国共两党在东北地区针锋相对斗争的中心,中共中央东北局非常重视中共长春市委的工作和长春政局的变化。10 月 10 日晚,陈云同志在王锋的陪同下,率百余名干部抵达长春,住处在大仓洋纸株式会社楼上(今长春市重庆路新华书店)。陈云同志首先向周保中传达了中共中央对东北形势的估计和打算,决定派大批干部和部队到东北建设根据地。根据陈云同志的指示,"周保中要求驻各战略要地抗联指战员抓紧扩充部队,接管日军仓库,抢运武器,发动贫苦农民参军参战。经周保中交涉,苏方同意我党在城郊、县、区、乡组建武装,因此部队得到迅速发展"。② 陈云同志还指示中共长春市委,要找当地人管理城市,准备接收市政府;一定要抓紧宣传群众,组织群众;继续抓好武装建设和政权建设;同时强调要注意搞隐蔽工作。③ 陈云同志在长春的 18 天工作中,进一步加强了中共中央东北局对长春市委的领导,为中共长春市委指明了前进的方向。

---

① 陈维清同志的发言,《长春党史资料》第三辑,第 83 页。

② 赵素芬:《周保中将军传》,解放军出版社,1988 年版,第 490 页。

③ 王锋同志发言,《长春党史资料》第三辑,第 92 页。

第二节　建立第一个民主政权

1945 年 10 月 10 日,国民党东北行营到长春安营扎寨,国共两党对长春、对东北,开始了公开、直接的角逐和争夺。苏军军管长春时期,周保中任苏军长春卫戍区副司令,苏军允许中共在城郊、区、县、乡建立人民政权和组建人民武装,这对中共都是有利的。为了挫败东北行营接收东北的阴谋,使长春置于中共的领导之下,中共中央东北局经与莫斯科商定:苏联在长春的军管政府,由中共选派一人当市长。① 中共中央东北局随即决定派刘居英任长春市市长,②陈云同志要求刘居英在任职时,要利用政府来掩护中共的工作;要保证对苏军的供应。

刘居英到长春后,先后找到了周保中和市委书记石磊,并在苏军长春卫戍司令部经周保中介绍下,拜会了卫戍司令加尔洛夫少将。11 月 15 日,在加尔洛夫办公室,刘居英会见了原市长曹肇元。下午 2 时,刘居英在苏军少将谢德明陪同下前往市政府,受到原政府人员的列队欢迎。在"原日本市长的办公室,曹肇元首先交出图章、人员名册、金库存款的条子,还有八百零几块钱的伪

---

① 刘居英同志的发言,《长春党史资料》第三辑,第 37 页。
② 刘居英,长春市人。1945 年 9 月,任中共中央山东分局社会部部长、山东省人民政府秘书长。1945 年 11 月,1946 年 4 月,两次任长春市市长。后任中国人民解放军铁道兵副司令员。

币"。① 双方签署了《市政府交接事宜书类概要》和《市长工作费接交书》,刘居英市长正式接管了市政府,建立了中国共产党领导下的长春市第一个民主政权。

长春特别市政府是中国人的政府,是代表人民利益的政府。刘居英市长和张文海秘书长首先起草了施政纲领,经中共长春市委同意,在长春市政府成立之日,刘居英市长签发了《长春特别市政府布告政字第一号》,公布了七条施政纲领:

一、协助苏军实行军事管制,发展与巩固中苏友谊。

二、保障市民正当权益,建设民主政治,扶持民主团体。

三、致力市政建设,恢复公私工商业,取消配给制度,发展自由贸易以繁荣市面。

四、严惩罪大恶极市民共恨之汉奸,肃清捣乱分子,安定社会秩序。

五、救济失业与被难市民,改善民生。

六、废除敌伪对市民之一切反动设施,取消苛捐杂税与各种劳役。

七、兴办社会国民教育,肃清奴化思想,树立民主观念。②

---

① 刘居英同志的发言,《长春党史资料》第三辑,第37页。
② 《长春新报》,1945年11月23日。

施政纲领的发布,使经受 14 年日伪法西斯黑暗统治的长春市民看到了光明和希望。市民见出劳工、不让吃大米都废除了,买卖也自由了,心情振奋,奔走相告。当时,在市民对共产党不太了解的情况下,长春特别市政府在大同广场召开了群众大会,由刘居英市长讲了上述七条施政纲领,宣传了中共的民主主张,反映了长春市各界人士的和平民主的心声和人民当家做主的意愿。

长春特别市政府成立以后,首先任命了各区区长,同时加强了对公安总局的领导,保证了对市区的供水供电和对苏军的肉食供应。

为保卫新生的人民政权,经吉林省工委决定,成立了长春市卫戍司令部,曹里怀任司令员,张庆和任副司令员,刘居英任政委。在卫戍司令部的领导下,组成公安总队,下辖六个大队,计2300 余人,是人民政权领导下的一支武装力量。与此同时,在苏军的支持下,中共长春市委派余力行(于克)以市公安局的名义在拉拉屯伪满军校旧址成立了警察学校,余力行任校长,王波任副校长。学校成立后,对长春市和郊区的杂牌军、地方武装进行了整编,前后集中 7000 余人。在整顿中抓捕了国民党地下军土匪头子张吾三、刘非、张永天等 10 多人。经整训后,计留用 4000 余人。后来,这支队伍编入了曹里怀的吉黑支队。[①]

长春特别市政府成立后,面对社会动荡,百业萧条,物价昂贵,市民生活困乏紧张的形势,为安定市民生活,发出了如下

---

① 臧家声:《长春市人民公安史长编(1945.8—1949.9)》,1989 年版,第 9 页。

布告：

长春特别市布告政字第二号

为布告事，本府鉴于近来物价高腾，兹为平抑物价，以利民生起见，特将伪满时代各官有仓库残有物资，搜集于本府所管消费公社内，开始出售，除指定本市大同区大马路老天合旧址为消费公社贩卖场外，特此布告周知。

此布

长春特别市长　刘居英
中华民国 34 年 11 月 18 日①

此布告发出以后，长春市民拍手称快。《长春新报》代表民众之心声，称誉谓："盖亦新任市长之德政第一声也。"②

正当长春人民欢庆解放，进行民主改革的时候，东北的形势发生了急剧的变化。1945 年 11 月 16 日，国民党军十三军、五十二军在美国的援助下占领山海关，继而连陷绥中、兴城、锦西，公然以武力接收东北。11 月 17 日，蒋介石电令东北行营代主任张嘉璈：除留董彦平副参谋长及少数军事人员，以"中国军事代表团"名义仍留长春与苏军联系外，所有在长接收人员一律撤到北平任命。③ 这是蒋介石与熊式辉等人在外交上对苏联采取的一

---

① 《长春新报》，1945 年 11 月 23 日，第 1 版。

② 《长春新报》，1945 年 11 月 23 日，第 1 版。

③ 尚传道：《四进长春》，《长春文史资料》第八辑，长春市政协文史委员会，第 29、30 页。

次攻势,意在向世界宣示:苏军阻挠中国政府在东北行使主权,从而违背了《中苏友好同盟条约》所承担的义务。"企图借以唤起美、英帝国主义分子在舆论上的声援与支持,并把中苏谈判的重心从长春移到重庆与莫斯科方面来。"①苏联为执行条约中的有关规定,执意将长春路沿线及大城市交给国民党政府接收。中共中央遂决定改变 10 月 19 日以来拒阻国民党进入东北的方针,发出了让出大城市后中共中心任务给东北局的指示,指出"迅速在东满、北满、西满建立巩固的基础,并加强热河、冀东的工作。应在洮南、赤峰建立后方,作长久打算"。②

1945 年 11 月 30 日上午,长春特别市政府准备在广场召开万人大会,公审国民党特务,为苏军所阻止。下午 3 时,苏军驻长卫戍司令部加尔洛夫少将对刘居英说:"所以让你来当市长,是因为曹先生身体不好。现在他身体已经好了,今天还是让他当市长。"③于是,长春特别市政府又移交给曹肇元接收。

苏军要求中共退出市政府后,由于形势的变化,中共长春市委和群众团体及市公安局的中共干部,于 12 月 12 日撤出长春市。

第三节　组建人民武装

8 月 8 日,苏联对日宣战。为配合苏军解放长春,中共在长春

---

① 尚传道:《四进长春》,《长春文史资料》第八辑,长春市政协文史委员会,第 29、30 页。

② 中共中央党史资料征集委员会编印《党史资料征集通讯》第 10 期,第 14 页。

③ 刘居英同志发言,《长春党史资料》第三辑,第 40 页。

长期从事隐蔽斗争的傅根深、王永生、王寿清和王锋等人,决定在宣传群众、组织群众的基础上,建立一支人民自己的武装,以保卫抗战胜利果实。8月19日,苏军进驻长春以后,傅根深等人便设法与苏军驻长卫戍司令部副司令周保中取得了联系,周保中对于在长春组建一支人民武装力量的决策给予了积极的支持。于是,傅根深等人利用往日的联络点和群众基础,分别在头道沟、二道沟、宋家洼子、杨家崴子、八里堡、新地号、东安屯、二道河子、东站、四马路、五马路、火车站等工人和贫民居住区,设点发动群众参军,并搜集散失在社会上的枪支、弹药装备队伍。① 到8月末,已组建了一支200多人的武装队伍,成为长春地区中共领导下的第一支人民军队。

9月30日,中共长春市委成立以后,党的工作重点已由"隐蔽斗争"转移到以建军为基础的建党、建政方面。根据中共中央和东北局"以正式名义组织大规模正规军","在东北发展我党强大的力量"的指示,中共长春市委责成刘健民和傅根深主管武装,迅速组建人民军队。为了搞到武器,刘健民智闯警察署,傅根深巧夺大房身飞机场武器库,弄到了几百支步枪、轻机枪和大量的子弹,从而装备了1000多人的部队。当时,由于苏军不允许市内有其他部队,因此只好将这支队伍经宋家洼子带到朱城子进行整训。在朱城子整训期间,这支人民军队编成了七个连队,每连多至180多人。关于这支部队的命名问题,根据1945年9月15日《中央关于派一百个团的干部到东北工作的指示》:"目前我党对

---

① 玄金璞:《吉长部队的组建和发展》,《长春党史资料》第三辑,第98页。

东北的任务就是要迅速的、坚决的争取东北,在东北发展我党强大的力量。但在东北绝不能采用八路军的番号,也不能用共产党的公开名义和红军接洽并取得帮助,而只能用东北地方正规部队、非正规部队(如东北人民自治军,某某省防军,保安旅团,县、区、乡队,工人自卫等)及非共产党的面目,才能与红军指挥机关作正式接洽,并可取得红军的各种帮助及委任。"①又鉴于各根据地到达东北的抗日武装统称东北人民自治军,故这支人民武装也定名为东北人民自治军。刘健民任司令员,傅根深任政治委员,田振铎任营教导员,韩向臣任副营长。10 月 10 日,陈云到达长春以后,对于这支地方人民武装给予了充分的肯定,并将这支部队正式命名为东北人民自治军吉长地区部队,简称吉长部队,隶属吉辽军区。

吉长部队在人民群众的支持下发展很快,但兵多枪少,武器供应成为亟待解决的问题。据王锋回忆:"市委领导让我去和周保中联系,请他帮助解决。后来,周保中在苏军接收的日本军火库中拨一部分枪支弹药给我们部队。我们组织人去运,先用大马车拉,后来用苏军汽车运,几个军火库分着运。搬运武器的人,有的是我们直接找的,有的是青年读书会的。记得,当时怕国民党发现给苏军提抗议,周保中还告诉我用苫布把汽车蒙上。这样一气运了二十几天,不但装备了我们的部队,还为军区提供了大量军火。"②据有关资料统计,这些武器除装备吉长部队外,尚有

---

① 沈阳军区政治部研究室编印:《沈阳军区历史资料选编(1945—1985 年)》,1985 年内部版,第 1 页。

② 王锋同志的发言,《长春党史资料》第三辑,第 91 页。

1000多挺轻机枪、10000多支步枪和大量的弹药及被服储存于开源堡东沟一个临时武器库中，为源源不断开进东北的各部队提供了装备。

吉长部队根据陈云同志"远离城市，建立根据地，把农民群众发动起来，壮大这支部队"的指示，转战于怀德、德惠、乾安、长岭等县的广大地区，深入发动群众，开展清匪反霸斗争，在不到3个月的时间内，使这支部队迅速发展到32个连队，4000多人。

同年10月，国民党接收大员到长以后，各地匪患猖獗，什么"先遣军""挺进军""建国军""光复军""救国军"等打着国民党军的招牌，以"接收"为名，到处打家劫舍，严重威胁着地方民主政权。

长岭县是长春西部的重镇，也是中共关内部队及干部经热河赤峰、内蒙古通辽进入吉林，进入长春的必经之路。9月7日，苏联红军撤出长岭县城之后，即为新安镇伪警察署署长孟庆汶拉起的地主武装所占据。

为维护社会治安，消灭长春附近各县敌伪残余和土匪武装，建立根据地。10月29日，东北人民自治军吉长部队500余人，在司令员刘健民的率领下，解放了长岭县城，成立了临时县政府。此后，刘健民率部北进乾安，开辟新区，长岭县城由吉长部队二营营长罗勇标率部驻守。

12月初，国民党东北行营代主任张嘉璈与外交特派员蒋经国再次由重庆飞抵长春。国民党军先后占领了锦州和沈阳，北进气焰甚嚣尘上。此时，国民党东北行营地下先遣军司令张洪武由长春潜入长岭,收编招降了土匪绺子"访贤""天帮""中国好"等60余伙、地主武装30余伙约2000多人,武装包围了县城。12月13日拂晓,土匪以点火为号攻打县城四门,由于把守北、东门的排长叛变,土匪蜂拥而入,罗营长腹背受敌,退守烧锅大院,固守待援。①

12月14日,吉长部队政委傅根深闻讯长岭被困后,立即率领一个连的兵力星夜兼程,驰往长岭解围。15日清晨,傅根深率部130多人乘数辆马车到达距长岭县城南仅3公里的拉拉街南甸子时,为拉拉街地主"响窑"所阻。在双方激战时,地主张洪奎派人给围困长岭县城的匪首送信。于是,匪徒300余人分东西两路,包抄夹击傅根深所部。在地势平坦,无险可守的不利情况下,傅根深率部英勇战斗8个小时,战斗激烈异常,匪徒尸横遍野,最后终因弹药殆尽,傅根深壮烈牺牲。

傅根深,原名傅海龄,曾用名傅一志、傅少英、傅同喜。1904年12月26日生于河北省清苑县臧村乡固上村。自幼家境贫寒,为维持家庭生计,曾给地主打短工。在中国共产党的影响下,在家乡组织了农民协会,率领村民开展了反苛捐杂税的斗争。1926年8月,加入了中国共产党。1929年,受中共派遣,赴长春从事秘密革命活动。九一八事变后,组织和领导了长春市及其周围地区群众的抗日斗争。1933年,任中共长春特支书记。1935年4月,傅根深机智地逃脱日伪特务的追捕,经哈尔滨辗转至黑河、漠河一带,进行隐蔽的革命活动。翌年4月,傅根深重返长春,因形势

---

① 吉林省文物志编委会:《长岭县文物志》,1987年版,第252—253页。

紧张无法立足,而南行保定。从 1937 年至 1942 年,先后在家乡组建了抗日游击队,曾任游击队中队指导员、八路军三纵队第十支队独立团第三营教导员、八路军冀中军区第四军分区卫生部政委。后被送往延安抗日军政大学二校学习深造。1943 年春,受中共中央晋察冀分局东北工作委员会派遣重返长春,以脚夫、商贩、更夫为掩护,扩大中共的影响,发展中共党员十几名。日本投降后,在周保中领导下,组成了中共长春市委委员会,市委责成傅根深和刘健民负责人民武装的组建工作。在不到 3 个月的时间内,组建了吉长部队。1945 年 12 月 15 日,在支援长岭的战斗中,不幸英勇牺牲,年仅 41 岁。这位在长春市战斗了 10 个春秋的无产阶级战士,吉长部队的组织者与领导者,为长春的解放事业贡献了自己的一生。长春解放后,长岭县人民将傅根深烈士的遗骨安葬于长岭烈士陵园,并立碑寄托哀思,以示怀念。

第四节　中共长春市委的舆论工具
——《长春新报》

光复后,尽管长春市在苏军的管制之下,但日伪残余势力仍窃据着部分政权。日伪要员虽然被苏军押送苏联,然而其下属和爪牙仍活动于长春各个角落。国民党接收大员云集长春后,他们和敌伪残余势力相勾结,兴风作浪,大造舆论,大肆吹嘘"国军英勇善战"的功绩,甚至公然挂出了"省党部"和"党务专员办事处"的招牌,到处招兵买马,封官加爵,收编土匪,扩充势力,使人民群众对共产党不甚了解。

1945 年 9 月 30 日,中共长春市委成立后,占领舆论阵地,已成为当时一项重要的任务。曾先后建立了读书会、工会和以青年、妇女、文艺界人士为主体等各方面的群众组织,教育人民,宣传中共的政治主张。10 月 9 日,石磊任中共长春市委书记后,就强调"我们得办个报纸,宣传党的主张",[①]以扩大中共及其人民军队的政治影响。由于当时中共尚未公开活动,于是长春市决定,以民办的名义创办《长春新报》。

在当时的历史环境与条件下,创办报纸并非易事。在既无经费,又无厂房和设备的情况下,经过多方寻找,克服重重困难,终于选定兴安大路(今西安大路)伪满学会的印刷厂,作为最初的社址。印刷工人是通过东北联盟找来的,每人每月只拿 200 斤高粱米的工资。创刊初期,报社工作人员只有章欣潮、杨文元、李石常、石丹、李克、张璟琛、韩春、于万清等 8 名,他们一人兼数职,既当记者又当编辑,既是抄报员又是校对员,同时还要上街卖报。[②]

1945 年 11 月 15 日,经苏军卫戍司令部同意后,中共长春市委机关报《长春新报》正式出版发行。《长春新报》首发之日,中共长春市委书记石磊为报头题字,并撰写了发刊词,庄严宣布《长春新报》"是以维护人民的利益,反映人民的要求为出发点,以人民的呼声为呼声","我们要和平! 我们要民主! 我们要团结! ……我们宣示:本报是人民的喉舌,誓为和平、民主、团结而呼号,追随

---

① 玄金璞:《石磊同志在长春》,《长春史志》第二期,1986 年 6 月 30 日版,第 12 页。
② 吴丛龙:《历史转折时期的〈长春新报〉》,《社会科学战线》1989 年第 1 期,第 194 页。

各界先进之后而共同奋斗!"①

　　《长春新报》创刊后,宣传了中共的和平民主主张,反映了人民的呼声,在历史转折的关键时刻,发挥了巨大的作用。在创刊号第一版头条《要求实现和平民主》的标题下,报道了长春市各界人士和团体代表发起东北和平促进大会,呼吁"反对内战,反对独裁!",要求和平与民主,"要求国共合作,成立联合政府",提出"中国人不打中国人! 中国人不应勾结外国人打中国人!"的口号,反映了长春市人民的迫切愿望。

　　长春曾是日伪统治的中心,日伪反动政权对长春人民实行最残酷的法西斯统治,人民是被压迫被剥削者,无任何民主和自由可言。日本投降后,继而由汉奸于镜涛、伪官吏曹肇元出任市长,他们依然骑在人民的头上,"惟辟作福,惟辟作威"②,在万人之上行赏罚,揽权威。刘居英出任市长以后,《长春新报》及时报道了人民政府的施政方针和政府为人民服务的宗旨,使人民耳目一新,为之雀跃。刘居英市长在《长春新报》头版头条向全市人民坦诚表示:"鄙人特别希望市民诸位能共同协力,不要再存有'官在上民在下'的思想。现在,所谓官并不是人民的主子,而是人民的公仆,替老百姓的办事人。应该多多的提出对他们的要求和意见。鄙人无论如何,是要尽最大的努力以满足人民的期望"③。市长"是人民的公仆",是"替百姓办事的人",这对长春市民来说,

---

　　① 《长春新报》,1945 年 11 月 15 日。

　　② 《尚书·洪范》。

　　③ 《长春新报》,1945 年 11 月 23 日。

真是亘古所未见,亘古所未闻。《长春新报》的宣传报道,唤醒了人民的觉悟,动摇了人们思想上盲目的正统观念,对共产党有了新的理解和认识。

人民政府为人民,反映市民的呼声,为民主而呼号,是《长春新报》办报的宗旨。从创刊号伊始,《长春新报》就进行了广泛的宣传,如《安定市民生活设消费公社平抑物价》(1945.11.23)、《保障人民福利设置治安咨议会》(1945.11.15)、《学生渴望新知识》(1945.11.23)等。长春市治安咨议会成立后,通过《长春新报》发表的《向警察机关建议》一文,充分体现了人民的心愿和强烈要求。文章说:"过去的警察是日寇汉奸压迫人民的工具,今后的警察,应该是镇压暗藏的日寇汉奸及一切反人民的反动势力,而保护广大人民的自由和幸福";"过去的警察是人民的敌人,是屠杀人民的刽子手,是社会上人所共愤的地痞流氓的集团,今后的警察,是人民的朋友,是人民的公仆,是人民安居乐业的公安员";"过去的警察机关,在人民眼中是社会上的毒蛇猛兽","为人民所仇恨","今后的警察机关,应该是替人民服务的机关,成为人民的手足和耳目,不是依靠大批的刑事、特务,而是依靠广大的老百姓"。①

《长春新报》的出刊,给人民带来了光明和希望,人们由怀疑、半信半疑,到开始对共产党有了好感,广大劳苦群众寄希望于共产党人,企望过和平、民主的生活。然而由于国民党的猖狂进攻,形势发生突变,中共长春市委撤出长春,因而《长春新报》于12月中旬被迫第一次停刊。此间,《长春新报》尽管仅发行10期,然而

_____

① 《长春新报》,1945年11月23日。

它所发挥的作用和影响是巨大的。

第五节 发展群众组织，壮大革命力量

"八一五"光复后，长春市相继出现了由中共地下党组建或自发建立起来的群众团体。中共长春市委成立以后，一些群众团体在中共的领导之下，学习宣传党的政治主张，为保卫胜利果实，壮大革命力量，发挥了重要作用。

东北工人联盟 东北工人联盟，是抗战胜利后，在长春建立的第一个工会组织。在中共地下党员刘健民、赵东黎的具体帮助下，长春市各工厂陆续成立了工会组织，到 1945 年 8 月末，工会会员已发展到 5000 余人。9 月初，在伪国民会馆（原大马路 74号）召开了长春市工会代表会议，正式成立了长春市的工人组织——东北工人联盟。会议推选张振亚为主任，江维华为宣传部部长，张慕真为组织部部长，李连魁为复工部部长，张富民为总务部部长。时隔不久，东北工人联盟的地址由大马路迁至四道街大兴银行（原长春橡胶厂）。

中共长春市委成立后，为加强党对东北工人联盟的领导，由何祺任主任，张振亚为副主任。到 10 月末，工会会员已发展到20000 多人。在东北工人联盟内组建了中共支部，创办了《团结报》。在东北工人联盟的领导下，还经常对职工宣传中共的政治主张，介绍八路军和新四军抗战的事迹，进一步提高了工人的阶级觉悟。为保卫抗战胜利果实，经东北工人联盟动员，就有百余名工人参加了吉长部队。同时，工联机关和宽城区光复铁工厂先

后组织了近 200 人的工人纠察队,以保护工厂,维持厂区治安。12 月中旬,工联撤离长春后,纠察队全部参加了人民军队。[①]

光复后,长春市的一些工厂仍然保留着日伪时期残酷剥削和奴役工人的制度。东北工人联盟根据工人的反映,多次派员与厂主据理交涉,进行说理斗争。如工联派复工部部长李连魁、宣传部部长江维华前往烟厂,发动工人同厂主进行面对面的斗争,"终于同厂方达成了有利于工人的协议,保证了工人能够得到维持最低生活水平的工资,废除了随意打骂工人的压迫制度和侮辱工人人格的搜身制度"。[②] 由是,工联维护了工人的切身利益,保证了工人的最低生活收入。

此外,东北工人联盟于 12 月初,组织工人六七千人,参加全市的示威游行,抗议国民党特务暗杀长春市公安局工作人员的罪恶活动,显示了工人阶级的力量,打击了国民党的嚣张气焰。

新青年同盟 东北光复后,以伪满建国大学学生为主的长春青年,出于对国家有所贡献的意愿,于 1945 年 8 月 19 日自发地成立了东北青年同盟。苏军进驻长春以后,国共两党对长春的争夺日趋激烈,东北青年同盟成员中思想倾向也开始分化。一些青年因受盲目"正统"观念的影响,思想上倾向国民党;一些青年过去受过马列、毛泽东著作和共产党的影响,思想上向往共产党;而大多数则处于观望态度。8 月 23 日,讨论东北青年同盟章程时,出现了新旧三民主义之争。正当国民党企图控制东北青年同盟

---

① 江维华:《抗战胜利后长春工人运动的一段回忆》,《长春史志》1987 年第五期。
② 江维华:《抗战胜利后长春工人运动的一段回忆》,《长春史志》1987 年第五期。

的关键时刻,中共长春地下党赵东黎、刘健民来到东北青年同盟,宣讲了中共的政治主张,团结了同盟中的进步青年。

9月下旬,国民党企图以"青年大联合"的名义,提出把三青团的外围组织"爱国主义青年团"和国民党在伪军官学校的外围组织"忠勇报国队"合并到东北青年同盟中来,以改变其性质,成为国民党的附属品。① 在大会辩论是否同意合并时,向往共产党的进步青年20多人坚决反对,并当场宣布退出东北青年同盟。

中共长春市委成立后,在中共领导和主持下,以分出来的进步青年为骨干,于10月1日正式成立了新青年同盟。中共长春市委派杨国风、肖鲁到新青年同盟工作,使新青年同盟成为青年中一支活跃的进步力量,为扩大中共在青年中的影响发挥了积极作用。

10月10日,新青年同盟发表了《新青年同盟宣言》,宣言提出"建立一个独立、自由、民主、统一、富强的新中国",号召青年"认清中国革命现阶段的时代性格","广泛开展青年运动","肃清封建反动,破坏全民利益的一切恶势力","积极促进新中国建设的完成"。② 新青年同盟选举田夫为主任委员,下设四个部:总务部,部长高士俊、副部长夏毅文;组织部,部长傅昭;宣传部,部长裴士杨、副部长张为;训练部,部长徐兴。③ 盟址设于七马路的一

---

① 张为、傅昭:《新青年同盟——抗战胜利后我党在长春领导建立的进步青年组织》,《长春党史资料》第四辑。

② 张为、傅昭:《新青年同盟——抗战胜利后我党在长春领导建立的进步青年组织》,《长春党史资料》第四辑。

③ 张为、傅昭:《新青年同盟——抗战胜利后我党在长春领导建立的进步青年组织》,《长春党史资料》第四辑。

座四层楼内。

新青年同盟于 11 月初出版了《青年新报》,及时报道了中共长春市委和市政府的决定及市内新闻,揭露了国民党"接收大员"的劣迹,转载了《新民主主义论》和鲁迅、丁玲的杂文及小说。至撤离长春时为止,共出刊 40 期左右。与此同时,还出版了《新少年》杂志,成立了"新青年出版社",组建了"新青年剧团"。

新青年同盟成立后,广泛地参加了中共领导下的群众活动和参政议政活动;在中共长春市委的领导下,组织发动了一中学潮;为中共建立武装力量和维持长春市的社会治安输送了一批骨干。从 10 月初到 12 月,计有三批人员参加了吉长部队,部分人员参加了市公安局的工作。

新青年同盟的活动不仅在长春市发挥了重要作用,其影响已遍及全省。在通化、吉林、通辽和怀德,先后建立了四个新青年同盟支部,使全省青年运动得到迅速发展。12 月中旬,由于长春政局的变化,新青年同盟的成员先后随中共长春市委、市府撤离长春,为建设革命根据地,奔赴新的战斗岗位。

青年读书会 光复后,一些有志于建国救民向往共产主义的长春进步青年,在中共地下党员赵东黎的组织下,于 1945 年 9 月中旬,在园东路靠西四道街的小白楼,举办了青年读书会。① 开始时,仅有于万春、王达等 10 多人。

9 月 30 日,中共长春市委成立后,青年读书会迁至市委机关所在地民康大楼。原中共地下党各系统联络的青年,凡是暂时没

---

① 赵东黎同志发言,《长春党史资料》第三辑,第 68 页。

有工作的,都到这里学习,于是学员得以迅速发展。当时,长春政局动荡不安,错综复杂,为开展工作、扩大中共的影响,急需迅速培养一批干部,因而市委加强了对青年读书会的领导。市委市府领导人申东黎、徐慎、赵东黎、刘居英等,都先后到这里登台讲课。据刘居英回忆,他曾在这里讲过两次课,其中一次是讲九一八事变到七七事变,[①]而经常到这里讲课的是赵东黎,听课的学员多时达 200 余人。学员中百分之九十以上的人,在这里食宿。早饭前,听课、阅读、讨论,饭后则分赴各处活动,以锻炼他们的实际工作能力。

青年读书会表面上是群众团体,实质上是中共领导下的干部训练班和工作队。这些学员边学习边工作,他们经常到街上去散发传单,参加游行,同国民党进行针锋相对的斗争。为了迅速建立人民武装,他们为吉长部队往开源堡运送武器,并为市委机关站岗放哨。他们通过学习和工作,不断提高了阶级斗争觉悟。有的学习工作三五天,就被调到工作岗位上。青年读书会先后培养了 400 多人,其中有 20 多人参加了中国共产党,在伟大的历史转折时期,为保卫长春、建设长春发挥了重要作用。

东北妇女同盟 为团结、教育长春各界妇女,扩大中共在群众中的影响,于 1945 年 9 月下旬,在赵东黎的领导下,组织进步妇女成立了光复后长春第 个妇女团体——东北妇女同盟。

东北妇女同盟成立之初,吸收盟员 20 余人,其盟员多是从事

---

① 刘居英谈话记录,《中国共产党长春地区革命斗争史资料》,长春市档案馆档案历 20-2-46 号卷,第 62 页。

教育和医务工作的进步女青年。东北妇女同盟的机关设在原长春市北大街旧大兴储蓄部后院(原四道街口橡胶八厂厂址),盟员在这里同吃、同住,共同工作,实行供给制。赵逖任委员长兼管宣传工作,付莹抓组织,林汀滢管行政。[①] 中共长春市委成立后,为加强对同盟的领导,派市委委员苏东来领导同盟工作,又派文平来同盟工作。

东北妇女同盟成立以后,开展了多种形式的宣传教育活动,以扩大中国共产党在群众中的影响,宣传妇女解放的道理。盟员经常到妇女比较集中的长春卷烟厂办妇女识字班,以上文化课的名义,深入浅出地宣传中共的政治主张。为配合当时长春的形势,盟员在市内张贴革命标语,组织青年学生阅读《论联合政府》《西行漫记》《中国革命和中国共产党》等书籍,组织妇女参加群众集会和示威游行,召开妇女界知名人士座谈会等,使许多妇女坚定地走向社会,走向革命。

11月,在中共长春市委的领导下,东北妇女同盟创办了自己的刊物——《妇女战线》。该刊物的封皮上绘有一只腾飞的大鹰,象征着妇女自立于社会,冲破封建的束缚,展翅翱翔的雄姿。在创刊号上刊登了彦光《中国革命途上面面观》、季清《解放及妇女解放》、华沙《中国妇女论》等文章及其他散文和自由体诗。《妇女战线》的问世及东北妇女同盟卓有成效的工作,反映了广大妇女的心愿,有力地推动了长春各界妇女的解放运动。12月中旬,中

---

① 长春市妇联史志办公室:《关于东北妇女同盟》,《长春史志》第三期,1987 年 7 月15 日版。

共撤出长春后,东北妇女同盟停止活动,其盟员大部分成为根据地建设,解放长春,建设长春的骨干。

东北光复后,在长春建立的群众团体还有:东北作家联盟、中苏友好协会、东北电影工作者同盟、电政技术同盟、东北青年建设协会、青年进步学会等。中共长春市委成立前后,与这些组织都建立了密切的联系。这些群众团体传播了革命影响,使一些人走上了革命的道路。

第三章　国民党抢占长春

第一节　国民党政府与苏联签约

　　1945年2月,雅尔塔会议达成了美、英、苏三国关于苏联对日出兵的协议。这是美、英、苏三国首脑经过讨价还价所进行的有利于苏联,而损害中国主权的一场国际性的政治交易。美国在这一时期的对华政策,是支持国民党政府,"在中国建立一个在蒋介石领导下的自由、团结、民主的政府",认为"蒋介石是唯一能保持中国统一的人"。① 美国总统罗斯福为防止苏联在打败日本后可能站在共产党一边进行干预,因此希望蒋介石能同苏联达成由美国提出的某种协定,以排除苏联干涉中国内政的可能性。美国政府认为:"莫斯科政府将同意不给中国共产党人以任何支持;为了达到这一目的,蒋介石准备付出代价。"按照罗斯福的设想,"如果同俄国人达成了这种协议,那么蒋介石就可以自由地迫使中国共产党人就范,因为到那时共产党人会发现他们已丧失了任何外

---

　　① 〔英〕F.C.琼斯、休·博顿、B.R.皮尔恩:《1942—1946年的远东》,上海译文出版社,1979年版。

国支持"。①蒋介石欣然接受美国为此目的所进行的斡旋,幻想借用苏军的力量在打败日本关东军之后,毫不费力地把东北"接收"过来,以图实现一统中国的迷梦,于是决定迅速向苏联靠拢。同年4月,国民党政府即考虑派宋子文到莫斯科谈判签约,以获取行政"接收"东北的权益。"没有东北,就没有中国",已经成了国民党的时髦口号。②

1945年5月28日,斯大林通过美国总统的特使霍普金斯邀请国民党政府行政院长兼外交部部长宋子文不迟于7月1日到莫斯科会谈。7月初,宋子文到达莫斯科,同斯大林和莫洛托夫就签约问题进行了谈判。苏方毫不隐讳地亮出了自己的条件,这就是要求中国正式承认外蒙古独立,在满洲让与苏联一块军事区域,同意独占满洲铁路。在中方同意上述的条件下,"斯大林答应签订一项条约,保证支持蒋介石,不援助蒋的国内敌人"。③宋子文对苏方提出的条件,不敢擅自应允,只好于7月14日回国磋商。蒋介石为使自己能独占胜利果实,以维持国民党一党专政的独裁统治,因而不惜有损主权,决定与苏联签约。

1945年8月7日,蒋介石派宋子文、王世杰、熊式辉、钱昌照、蒋经国等组成的"国民政府代表团"赴莫斯科进行谈判。8月

---

① [英]F.C.琼斯、休·博顿、B.R.皮尔恩:《1942—1946年的远东》,上海译文出版社,1979年版。

② [英]F.C.琼斯、休·博顿、B.R.皮尔恩:《1942—1946年的远东》,上海译文出版社,1979年版。

③ [英]F.C.琼斯、休·博顿、B.R.皮尔恩:《1942—1946年的远东》,上海译文出版社,1979年版。

8日,苏联正式对日宣战。8月9日,苏军3个方面军发起全线进攻,通过沙漠区,翻越大兴安岭,长驱直入,日本关东军已溃不成军。8月10日,"斯大林告诉宋子文,中国政府最好尽快同意达成一项协议,否则,中国共产党就要进入满洲了。因此,宋子文作了让步"。① 8月14日,国民政府与苏联政府正式签订了《中苏友好同盟条约》。该条约附有两个照会和四个协定,即:《中苏友好同盟条约之换文》《关于外蒙古问题之换文》《中苏关于大连之协定》《中苏关于旅顺口之协定》《关于中苏此次共同对日作战苏联军队进入中国东三省后苏联军总司令与中国行政当局关系的协定》及《中苏关于中国长春铁路之协定》。中华民国国民政府主席全权代表王世杰、苏联最高苏维埃主席团全权代表莫洛托夫分别在条约的文本上签字。条约于批准后立即生效,"有效期间为三十年"。在《中苏友好同盟条约之换文》中,苏联保证"予中国以道义上与军需品及其他物资之援助",而且重申"此项援助当完全供给中国中央政府即国民政府"(第一条)。苏联政府确认"以东三省为中国之一部分,对中国在东三省之充分主权重申尊重,并对其领土与行政之完整重申承认"(第二条)。从上述《换文》的条款看,苏方只承认国民党政府,而完全否定了中国共产党领导下人民政权的存在;只承认国民党政府有权"接收"东北三省,并"在敌人业已肃清之区域,依照中国法律设立行政机构并指挥之"。②

---

① [英]F.C.琼斯、休·博顿、B.R.皮尔恩:《1942—1946年的远东》,上海译文出版社,1979年版。

② 《关于中苏此次共同对日作战苏联军队进入中国东三省后苏联军总司令与中国行政当局关系的协定》第二条甲。

从上述条约、照会和协定中，苏方得到了实惠，得到了除治外法权和行政及警察权力以外的一切法定权利。而国民党政府所得到的仅仅是苏联的承认及对东北三省的"接收"权。蒋介石已经满足了，尽管三军将士尚在西南一隅，对东北鞭长莫及，但有了《中苏友好同盟条约》，则国民党毫不费力地"接收"东北，必定是无疑的了。

第二节　设东北行营于长春

1945 年 8 月 9 日，苏军主力发起全线进攻。面对苏军的闪电攻势，关东军溃不成军。此时躲在峨眉山上的蒋介石，依据中苏签约，原打算苏军攻克一地，则派员"接收"一地。但未曾料到，配合苏军解放东北的抗联部队，已先机在 57 座城镇建立了人民政权，蒋介石的接收计划随之落空。8 月 15 日，日本宣布无条件投降之际，蒋介石的嫡系部队仍远在大西南和缅甸一带，别说是接收东北，就是迅即调兵华北也难以实现。为了挽救上述被动不利的局面，蒋介石一方面电令八路军和新四军"就地驻防待命"，一方面三次电邀毛泽东到重庆"商讨国家大计"，妄图在"和谈"的烟幕下，拖延时间，在美国的援助下把国民党军运往华北和东北，准备武力"接收"。与此同时，蒋介石利用中苏签约的有利条件，在重庆开始筹划组建接收东北的班子。国民党政府中央设计局秘书长熊式辉，曾以"东北复员委员会"的名义，向蒋介石提出"关于东北复员问题的几项原则意见"，其主要内容是：（一）将东北三省改划为九省；(二)在东北以实行三民主义为总的施政方针；
(三)抽调一部分精锐国军,长驻东北,并改编、整训伪满洲国军
队,作为军事辅助；(四)将东北作为全国经济建设的基地；(五)人
事安排上,争取中间派合作,维持国民党一党专政的实质,但在表
面上要涂上一层亲苏民主的掩护色彩,特别要注意遏制中共势力
的扩张。以上意见,均为蒋介石基本同意。①

　　1945 年 8 月 31 日,国民党政府在重庆宣布成立"国民政府军
事委员会委员长东北行营",明令公布东北行营为东北最高军政
机关。行营组织系统如下表：②

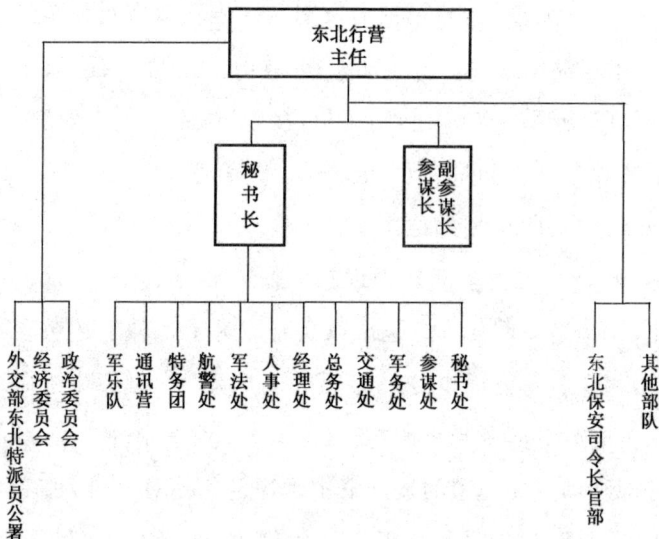

　　行营设政治委员会和经济委员会,分别主持政治、经济工作；

　　① 尚传道：《四进长春》,《长春文史资料》第八辑,1985 年 1 月。
　　② 《东北行营公报》第 1 期,辽宁档案馆档案 JE1-1-185 号卷。

东北保安司令长官部,负责指挥军事,维持治安。任命熊式辉为东北行营主任兼政治委员会主任,张嘉璈为经济委员会主任,杜聿明为东北保安司令长官。同时,任命蒋经国为外交部驻东北特派员,潘公弼为中央宣传部东北特派员。东北行营政治委员会委员有:张作相、王树翰、那木济勒色楞、万福麟、邹作华、冯庸、莫德惠、朱霁青、马占山等。[①] 9月初,国民党政府将原来的东北三省改划为九省和两个行政院直辖市,公布了《接收东北九省办法》。9月5日,经过各派系的激烈角逐以后,国民党政府发表了九省二市主席、市长任命令:徐箴为辽宁省主席,刘翰东为辽北省主席,高惜冰为安东省主席,郑道儒为吉林省主席,关吉玉为松江省主席,吴瀚涛为合江省主席,韩俊杰为黑龙江省主席,彭济群为嫩江省主席,吴焕章为兴安省主席,杨绰庵为哈尔滨市市长,沈怡为大连市市长。

吉林省政府委员及厅处长的人选,经郑道儒安排决定:吴至恭任委员兼秘书长,尚传道任委员兼民政厅厅长,王宁华任委员兼财政厅厅长,胡体乾任委员兼教育厅厅长,徐晴岚任委员兼建设厅厅长,张庆泗任委员兼吉林市市长,侯景文任会计处处长,谷炳寰任警务处处长。吉林省政府办事处驻重庆上清寺。

长春市位于东北腹地,又曾是伪满洲国的"首都",苏军进驻东北以后,其司令部也设在这里,因此国民党政府决定将东北行营亦设于此,以便以长春为中心,实施"接收"东北的计划。鉴于

---

① 《东北行营政治委员会第一次委员会议纪录》,辽宁省档案馆档案 JE1-1-165 号卷。

长春市在政治和军事上所处的重要地位,国民党政府曾拟将该市
划为行政院辖市,但由于时任国民党政府文官长的吴鼎昌向蒋介
石建议,遂将长春市改为吉林省辖市。这样,吴鼎昌就为郑道儒
"争得一个重要地方",其组织体制亦如行政院辖市。① 长春市市
长,经蒋经国直接向蒋介石保荐,由赵君迈充任。长春市政府的
接收,皆由赵君迈安排,内定罗涤之任市府秘书长,叶绍南任社会
局局长,肖仁树任财政局局长,张炯任警察局局长。②

国民党政府将"接收"东北,"接收"吉林,"接收"长春的班底
确定之后,这些接收大员受命于国民党政府,陆续飞赴东北,走马
上任。

1945年10月7日,熊式辉派东北行营副参谋长董彦平以中
国军事代表团团长的名义,郑道儒派吉林省政府委员兼吉林市市
长张庆泗及其随从,由重庆飞经北平,于10月9日抵达长春。董
彦平即与苏军司令员马林诺夫斯基元帅洽商设东北行营于长春
及其事宜。

10月10日,国民党东北行营在长春成立,营址设于伪满时期
的满炭大楼(原吉林大学图书馆楼址),并挂起了中华民国国旗。
同日,熊式辉、张嘉璈、蒋经国、"东北宣慰使"莫德惠等40余人由
重庆起飞,于12日抵达长春,成为国民党"接收"东北,"接收"吉
林,"接收"长春的急先锋。

---

① 尚传道:《四进长春》,《长春文史资料》第八辑,1985年1月。
② 尚传道:《四进长春》,《长春文史资料》第八辑,1985年1月。

第三节　从行政到军事"接收"

国民党"接收"大员抵长后,眼见东北各战略要地及主要城镇已为中共先机占有,并业已建立了人民政权,因而要求苏军协助国民政府进行"行政接收"。苏军总部则认为:东北各地抗日武装和民主政权,纯系东北人民自己建立的,与苏军无关;至于"行政接收"那是中国的内政,苏军不便协助和参与。[①] 后来,熊式辉提出派员到各地视察,苏军只同意莫德惠到吉林市,而对其他人的"视察",则不负安全责任。为配合"接收",加强国民党的统治,国民党中央组织部代表齐世英在长春视察东北党务时,公开散布反苏反共言论,引起了苏军的强烈不满,因而苏军总部宣布不准国民党和三青团在长春公开活动。国民党在长春的"接收"屡屡碰壁,使这些"接收"大员们十分恼火,用尚传道的话说,既"要对付苏联",又"要对付共产党",真是"障碍重重,不容乐观"。恰在这些"接收"大员一筹莫展之际,苏军总部又提出:"东北各省内被日军利用的一切日本企业,均被苏联视为苏军战利品"的备忘录,熊式辉对此手足无措,不知如何答对。于是,熊式辉只好于10月21日离长春赴渝,商讨对策。蒋介石决定:(一)由外交部把苏军在战利品名义下运走东北工业设备以及掩护中共扩充武力、建立政权、阻挠国民政府"接收"主权等情况,用备忘录形式送致苏联

---

① 尚传道:《从"接收"到被俘——记在长春、吉林反动的三年》,《吉林文史资料选辑》第二辑,吉林人民出版社,1981年版,第49页。

政府,并要求根据《中苏友好同盟条约》的规定"尊重中国在东北的完全主权及领土行政之完整"。(二)饬令中央各部会及东北九省二市重要"接收"人员迅即飞往长春,做好"行政接收"的准备工作。(三)抽调中央精锐国军,立刻由海陆空三路向东北运兵,做好"军事接收"的各种准备。① 从 10 月 29 日到 11 月 4 日,国民政府各路"接收"大员 400 余人麇集于长春伪满炭大楼,准备到各地进行"行政接收"。与此相配合,杜聿明于 10 月 28 日到长,会见了苏军总司令部马林诺夫斯基元帅,商请苏军在营口掩护国民党军登陆问题。11 月 3 日,当国民党军在美舰"脱罗尔号"的支援下预行在营口登陆时,受到东北人民自治军的阻滞。至此,"国民党军幻想从苏军手中接收东北已成泡影"。②

1945 年 11 月初,国民党十三军在美军 31 艘军舰的护运下,在秦皇岛登陆。11 月 14 日,国民党五十二军集中于海阳镇附近,国民党两个军在杜聿明指挥下,公然以武力"接收"东北,并于 16 日攻占山海关。17 日,蒋介石电令东北行营接收人员撤离长春,飞往北平待命,意在向苏联施加压力。12 月初,东北行营代主任张嘉璈与外交特派员蒋经国,再次由重庆飞往长春。经与苏军总部协商,苏军同意协助国民党政府派联络员到各地"接收"。12 月 22 日,赵君迈"接收"了长春市政府,前任市长改任参议。

国民党政府为了迅速实现其以武力"接收"长春的目的,于

---

① 尚传道:《四进长春》,《长春文史资料》第八辑,1985 年 1 月。

② 杜聿明:《国民党破坏和平进攻东北始末》,《辽沈战役亲历记》,文史资料出版社,1985 年版,第 520 页。

1946年1月5日,将国民党东北行营收编的东北保安第二总队刘德溥部(即伪满军的铁石部队),由华北空运长春。

东北保安第二总队,原系日本关东军于1932年组建的一支靖安军。1944年12月,调往冀东唐山,隶归日本华北派遣军指挥,专门对付八路军和解放区人民,是日本侵略军的帮凶。日本投降后,为东北行营主任熊式辉所收编,摇身一变又成了国民党军,充当了蒋介石武力"接收"东北的走卒。东北保安第二总队空运长春后,立即与土匪、地痞流氓、逃亡地主、日寇残余武装相勾结,狼狈为奸,鱼肉百姓。他们借修筑工事之名,强拉民夫,抢掠民财,派捐派款,民不聊生,使长春人民再次陷入了水深火热之中。

1946年1月6日,国民党吉林省政府接收委员王宁华、吴至恭、尚传道、胡体乾等25人,由北平乘机二进长春,开始对吉林的"接收"。这些"接收"大员下机伊始,就与吉林各地来长春的地主、官僚政客,国民党"吉林省党部""东北党务专员办事处"和"东北青年联盟"的骨干分子频繁接触,企图在苏军撤离之前,把交通干线上的重要城镇"接收"过来。

1月中旬,国民党吉林省政府任命张骏图为长春县县长,乔树芳为九台县县长,纪幕天为农安县县长。乔树芳上任之后,原九台之地主乡绅、伪满官吏和警宪纷至沓来,寻官觅爵,乔树芳应允在"接收"九台之后,一律官复原职。同时,将同乡密友孔庆春、董荣昌委以重任,分别就任县府秘书和教育科科长。1月20日,乔树芳率"接收"人员,在苏军中校参谋陪同下,于中午抵达九台县城。当时,九台已建立人民政权,县人民政府负责人当即申明:自日本投降后,苏联解放了东北,伪满被消灭了。东北人民在共产党领导下,已经自己组成地方政权。现在重庆正举行政治协商会议,我们主张成立各党派参加的联合政府,你们如同意,就可以协商。否则,人民自己组成的政权,是绝对不能交出的。① 乔树芳不敢擅专其事,只好带原班人马狼狈回长。此后,苏军根据中苏签约,要中共撤出九台,于是九台县人民政府迁至营城子办公。2月1日,国民党吉林省九台县政府正式组成。乔树芳任命孔庆春为主管财经的秘书,关文瑛为主管文书的秘书,郭雅儒为民政科科长,左鸿儒为财政科科长,侯佐祥为建设科科长,董荣昌为教育科科长,杨士德为警察局局长。② 与此同时,纪幕天"接收"了农安县城。乔树芳虽然当上了县令,但一想到中共撤离九台时留在县衙的布告,就胆战心惊,唯恐苏军撤走之后,国共两个地方政权必然交兵于县城,因而上任不久便逃之夭夭。后由张徐航接任其职。

根据苏军向东北行营主任熊式辉递交的《苏军从满洲撤退计划书》中规定,到 1945 年 12 月 3 日,苏军将从中国东北撤退回国。③ 但由于东北人民自治军的顽强抗击,致使国民党"接收"屡

---

① 乔树芳:《国民党"接收"九台的经过》,《吉林文史资料》第 13 辑,政协吉林省委员会文史资料研究委员会出版发行,第 45 页。

② 乔树芳:《国民党"接收"九台的经过》,《吉林文史资料》第 13 辑,政协吉林省委员会文史资料研究委员会出版发行,第 46 页。

③ 杜聿明:《国民党破坏和平进攻东北始末》,《辽沈战役亲历记》,文史资料出版社,1985 年版,第 536 页。

屡受挫,因而国民党一再要求苏联延缓撤军。为表示中苏友好,在蒋介石的授意下,宋美龄由蒋经国陪同,于 1946 年 1 月 22 日,匆匆来长。宋美龄抵长后,一是利用"欢迎大会"的讲坛,"宣慰"东北人民;一是借盛大宴会之机,代表蒋介石向苏联将领授勋,借以取得苏军的好感,请求苏联缓期撤军。这就是蒋介石精心导演的一幕"夫人外交",以实现其在外交上和心理上的双重目的。

1946 年 3 月初,在苏军即将撤离东北的前夕,美国政府根据蒋介石关于"苏军在战利品名义下,运走东北工业设备"的秘密通报,派遣了以美国人鲍莱为首的联合国调查团到长春调查。据尚传道回忆:"东北行营副参谋长董彦平请由吉林省教育厅厅长胡体乾、合江省财政厅厅长祝步唐代表行营招待调查团。他们和行营经济委员会主任秘书张大同一起,关在屋子里编制了一份苏军运走东北工业设备器材统计材料交给调查团。据胡体乾告诉我,那份统计材料估计苏军运走的资财共值约一百亿美元。"①从宋美龄到鲍莱前后不足两个月的时间里,一个慰问授勋,一个前来调查,美蒋之间配合如此默契,真可谓异曲同工。

1946 年 3 月 13 日,苏军由沈阳撤出,国民党第五十二军于同日进占沈阳,并以沈阳为基地向四周扩张。从 3 月 18 日至 4 月 4 日,国民党新编第一军沿中长路北犯,先后进占了铁岭、开原、昌图。第七十一军于 4 月 4 日,进占法库。当国民党军进犯四平

---

① 尚传道:《四进长春》,《长春文史资料》第八辑,第 41 页。

时,为东北民主联军所阻击。[①]

第四节　人民军队首战长春

1946 年 3 月,苏联红军开始陆续撤退回国。国共两党为取得在东北的领导权,在政治格局发生新变化的形势下,开始了对长春铁路沿线大城市的争夺战。

为配合停战谈判,打击并迟滞国民党军向北满、东满解放区的猖狂进攻,中共中央指示东北局打一二个大胜仗,以利谈判和将来,要求必须在苏军撤退后一二日内,控制长春、哈尔滨、齐齐哈尔等战略要地。为执行中共中央的指示,3 月 25 日,东北局制定《关于东北大会战的部署》中指出:必须迅速完成一切准备工作,于友方(指苏军)撤退时以敏捷迅速手段攻占长、哈、齐各市,争取在一日之内全部干净消灭顽匪。[②] 上述中共中央和东北局的指示中,明确地指出了此举关系东北及中国革命前途甚大。在攻夺的三大城市中,长春具有十分重要的战略地位。夺取长春,不仅可以从正面打击国民党军的嚣张气焰,而且可以关上国民党军北进东犯的大门,使整个战局出现有利于中共方面的变化。

同日,中共中央东北局和东北民主联军总部将攻夺长春的任

---

① 1946 年 1 月 4 日,中共中央军委决定将东北人民自治军改称东北民主联军,总司令林彪,政委彭真,副司令吕正操、李运昌、周保中,副政委罗荣桓、程子华,副司令兼参谋长肖劲光。1946 年 1 月到 9 月,东北民主联军先后组成五个纵队,即一、二、三、四、六纵队。

② 曹里怀、贺庆积、邓飞、徐斌洲:《首次攻克长春》,《长春党史资料》第三辑。

务,交给了吉辽省委和吉辽军区。4月11日,吉辽军区司令部制定了《长春争夺战役作战计划》,预定在48小时内,歼灭盘踞长春市内及近郊之伪匪与日寇残余武装力量,解放长春。为迅速夺取长春,东北民主联军总部电令七师集结南下,准备参加攻夺长春的战斗。

面对苏军即将撤离长春,中共大军压境的形势,国民党接收大员们预感危难临头,便于3月25日纷纷乘飞机逃离长春,撤往锦州。东北行营副参谋长董彦平留守长春,组成了防守司令部,任命东北行营少将高参陈家珍为城防司令,刘德溥为副司令,史维忠为参谋长。其防守力量主要有:东北保安第二总队、第四总队,吉林警察纵队,吉林保安第十四支队,长春警察总队,宪兵团,土匪特务编成的先遣军、挺进军,及日寇残余计两万余人。这些踞守长春以伪满军为主体的杂牌部队,凭借日伪经营多年的防御工事,纵横交错的明碉暗堡,企图顽抗固守,等待国民党援军的到来。

针对国民党守城部队的布防情况,东北民主联军总部于3月28日指示攻城部队:"根据长春伪匪内部情况,估计只要我部署得当,指挥正确,密切协同,虽用与敌相等之兵力亦能歼灭之"。①

4月8日,中共吉辽省委和省军区负责人林枫、周保中、陈光、张启龙及参战各部队负责人在卡伦镇召开了军事会议。4月11日,吉辽军区司令部制定了《长春争夺战役作战计划》。

东北民主联军投入攻夺长春的部队,除吉辽军区所属部队

---

① 曹里怀、贺庆积、邓飞、徐斌洲:《首次攻克长春》,《长春党史资料》第三辑。

外,还有从北满奉命南下的七师及三师八旅一部,共两万余人。按战役部署,编为三个纵队:以杨国夫为司令员,刘其仁为政委,刘斌洲为副政委率领的西南纵队,由西南方向进攻;以曹里怀为司令员,谭甫仁为政委率领的东北纵队,从北和东北方面进攻;以贺庆积为司令员,邓飞为政委率领的东南纵队,从东南方向进攻。各路纵队攻击的最终目标,为市中心广场。

4月14日拂晓,中共攻夺长春的各路纵队兵临城下。上午,苏军将市政移交给国民党长春市政府。中午12时,苏军撤离长春。正当国民党军政要员和守军庆幸长春得手之际,中共三路纵队于下午2时,从四面八方向长春外围发起了攻击。激烈的枪炮声和冲击的呐喊声交织在一起,使国民党守军陷入一片惊恐之中。西南纵队首先攻占孟家屯,同时进占洪熙街(今红旗街)南端。傍晚,经4小时激战,先后占领了民用和军用机场,切断了国民党空援长春的通道。国民党驻长空军司令金思心一听枪炮声,便乘机逃往锦州。东北和东南纵队,先后攻占了宽城子、拉拉屯和长春东站等地,扫清了外围之敌,迫使四郊之守军退守于市区。

4月15日凌晨5时,三路纵队同时向市区发起总攻。国民党守军空军司令部、东北行营、市政府、警察局等机关要员,先后撤到防守司令部(今人民广场银行大楼)楼内。此时,市区炮声轰鸣,枪声四起,硝烟弥漫,攻城之东南纵队七十五团、七十一团进展迅速,陆续攻占了工业学校、农学院和理科院。当攻击大陆科学院(现长春应化所)时,受到守军的顽强抵抗。大陆科学院是守军南线的重要支撑点,火力较强,鹿砦重重,使攻击部队屡屡受阻。后调炮兵轰击,经反复冲杀肉搏,于傍晚时分方全歼守敌。与此同时,西南纵队和东北纵队进展缓慢,在攻击火车站时受到阻击。16日,三路纵队先后攻占了长春火车站、伪国务院、南关浴池等要地,并向市中心进发。当东南纵队副司令员吴恒夫在禁烟总局大楼(原财贸学院南楼)引导纵队司令员和政委上楼观察敌情时,被窗外射进的子弹击中了头部而英勇牺牲,为解放长春献出了年轻的生命。[①] 东南纵队的指战员怀着悲痛的心情,高喊着:"为吴副司令员报仇!"冲向了红卍字总会大楼(原解放大路73号,中国人民银行长春市分行),全歼守敌100余人,扫清了通往市区的最后一道障碍。

17日到18日下午4时,三路纵队经过与守敌的反复争夺,相继占据了满炭大楼、关东军司令部、伪警察局、广播电台和护国般若寺,将守敌逼退到伪中央银行大楼里。正当守敌处于山穷水尽之际,国民党派飞机数架飞临长春上空,向大同广场投放了弹药,使守敌精神为之一振。可打开箱子一看,"弹药与使用的武器口径不符,根本用不上,守城官兵无不感到气愤"。[②] 在伤亡惨重,士气低落,弹药缺乏的情况下,守敌决定于18日晚6时向东南方

[①] 吴恒夫,1914年10月19日生,湖北省枣林畈人。少年时,接受共产党的教育,加入了共产主义少年先锋队。1929年,加入共青团。翌年,参加了中国工农红军。1932年4月,加入中国共产党。到陕北后,历任指导员、参谋、抗日军政大学教员、大队长等职。抗战胜利后,受命率部到吉林东部建立革命根据地,任吉东警备二旅参谋长。1946年2月底,进抵敦化剿匪。在河岸屯、大蒲柴河、沙河沿战斗中,给土匪以沉重打击,为人民立下了战功。1946年4月上旬,吉辽军区三路纵队在长春外围集结,准备攻夺长春。4月16日,在攻占长春市区时英勇牺牲,时年32岁。

[②] 郑显:《忆国民党新七军五十六师》,《吉林文史资料》第13辑。

向突围,直奔沈阳。

18 日下午 5 时,攻城三路纵队发起最后攻击,战斗激烈异常。当攻击部队以无数伤亡的代价越过广场,逼近大楼附近时,固守大楼的残敌 4000 余众,突然从银行冲出,向东南纵队方向猛扑过来,七十五团被压回到广场东南角的民康路口,情况万分紧急![1] 在此关键时刻,东南纵队司令员贺庆积、七十五团团长朴洛权振臂高呼,率部冲向敌群。在残酷的白刃格斗中,贺庆积与副司令员黄思沛先后负伤,朴洛权英勇牺牲。[2] 在东北、西南两路纵队的支援配合下,于晚 7 时占领了伪中央银行大楼,首战长春至此胜利结束。

在首战长春战役中,除刘德溥率少数守敌突出包围外,总共毙伤敌 2500 余人,生俘第四总队兼长春卫戍司令中将指挥陈家祯以下官兵 14000 余人(内有 200 余日本人)。国民党吉林省代主席王宁华,长春市市长赵君迈,长春警察局局长张炯,社会局局长叶绍南亦同时被俘。缴获轻机枪 430 余挺,各种炮 50 余门,长

---

① 贺庆积:《长春争夺战》,《长春日报》1986 年 4 月 11 日,第 3 版。

② 朴洛权,1918 年 3 月生于朝鲜咸镜北道。后因其父参加过朝鲜"三一"反日爱国运动,全家被迫迁移我国东北汪清百草沟。少年时,在中共的影响下,参加了儿童团。1934 年,加入共青团。1936 年,加入中国共产党。曾先后任东北抗日联军第五军教导队班长、排长、连长。因其作战勇敢,被调到抗联二路军指挥部任警卫队队长。1942 年到 1945 年 8 月,在苏联整训期间,曾多次潜入东北,出色地完成了侦察任务。1945 年 9 月,与姜信泰返回延边组建人民武装,任延边警备旅一团团长。1946 年年初,奉命率部清剿汪清县土匪,以其大智大勇,经过两个月的紧张战斗,完成了剿匪任务。1946 年 3 月 14 日,奉命向长春进发。在首战长春的战斗中,英勇果敢,勇往直前。在最后夺取伪中央银行大楼时,在白刃格斗中,英勇牺牲,为长春的解放战斗到最后一息。(本注摘自崔成哲:《朴洛权》,《吉林党史人物》第四卷,吉林教育出版社,1991 年版,18—29 页。)

短枪 11150 支,子弹 110 万发,飞机 1 架及其他军用物资甚多。人民军队伤亡 1500 余人。①

这次攻夺长春,是东北民主联军首次取得攻坚战的一次重大胜利,为四平阻击战解除了后顾之忧,使长春人民重新获得了解放。

第五节　重建人民政权

国民党守军的覆灭,人民政权的新生,是长春人民也是东北人民的胜利。当东北民主联军副司令周保中率部进入长春时,"人民莫不欢腾若狂,到处受到热烈的欢迎"。② 中共长春市委和市政府亦随军进入市区,开始了重建人民政权的各项工作。当时,中共长春市委主要领导成员有:市委书记石磊,组织部部长陈东平,副部长徐慎,宣传部部长赵东黎。③ 各区区委书记是:东荣区黄霖,和顺区方明,长春区夏伯康,敷岛区于杰,宽城区赵东黎,大同区刘俊秀。④ 长春市政府仍由刘居英任市长,市府各局委员多数是中共培养的干部,同时留用了部分伪职员。市公安总局局长由东北局社会部部长汪金祥担任,张化东任副局长。总局下设

---

① 曹里怀、贺庆积、邓飞、徐斌洲:《首次攻克长春》,《长春党史资料》第三辑。

② 《东北日报》,1946 年 4 月 28 日,第 1 版。

③ 中共吉林省委组织部、中共吉林省委党史研究室、吉林省档案馆编:《中国共产党吉林省组织史资料》,吉林人民出版社,1994 年版。

④ 玄金璞:《中共长春市委的成立及其主要活动》,《长春党史资料》第四辑。

8 个分局,70 个派出所。

中共长春市委和市政府进城后的首要任务,就是宣布政策,稳定人心,恢复市政建设。4 月 18 日晚和 19 日,刘居英市长先后两次到市电台发表广播演说,重申 1945 年 11 月人民政府公布的施政纲领继续生效,明确提出政府是人民的政府,是为人民服务的。① 东北民主联军和市政府相继贴出了《为建设和平民主的长春》和《长春市政府整顿市政》的布告。《东北日报》发表了题为《为建设和平民主的新长春而奋斗》的社论。社论号召市民及各界人士"必须立即行动起来","帮助政府迅速完全恢复市政","惩治罪大恶极之汉奸,剔除敌伪势力","实行民主选举","改善人民生活",保卫长春,建设长春。② 面对国民党守军对长春市政设施的严重破坏及战争所留下的创伤,人民政府于长春解放的第二天,即组织人力、物力、财力解决电力、用水、粮食和燃料四大问题。至 4 月 25 日,经 400 余人的抢修,市内供电已恢复一半。市政府水道科每日出动 315 人,经日夜修复水道,日供水量已达 6 万吨。长春解放时,东荣区已有 2 万余人断炊,人民政府及时将国民党接收大员囤积之 3000 吨粮食发放给市民,同时平粜粮食 150 吨。为解决市内燃料之急需,从九台紧急调运 800 吨,并筹措煤炭 5000 吨。市民对人民政府急人民之所需,无不拍手叫好。据《东北日报》报道,大家都这样说:"想不到民主联军,还有这样的能力,四五天内交通、电灯、用水恢复得这样快,煤炭、粮食解决

---

① 刘居英同志的发言,《长春党史资料》第三辑。

② 《东北日报》,1946 年 4 月 28 日,第 1 版。

得这样好".[1] 到 4 月 28 日,铁路客货运输除通往四平外,其他各线均已通车。市内电车已正式营运,2500 辆马车及三轮车在大街小巷川流不息。商店开市,物价平稳。如大米"过去卖20 多元一斤,现在只卖 12 元。豆油从 30 元跌到 25 元","高粱米也贱了,生活好过了".[2] 从 4 月 18 日到 5 月 23 日,在人民政府的领导下,长春市各项事业均得到恢复和发展。此间,已复工的工厂 33 个,准备复工的 22 个,人民政府已发放贷款 2000 万元(苏联红军票)。市内自来水全部恢复,每日供水 8 万吨。电线全部修复。救济贫民 1000 吨煤,3000 吨米,被救济人数达 10 万之众。小学 34 所,中学 11 所,在校学生 33000 人,已全部复课。东北大学、军政大学、医科大学、工人大学已相继创立和迁来长春。同时,还成立了 20 多所民众夜校。[3] 在报纸方面:《光明日报》《长春新报》和《东北日报》均已出版发行。杂志方面:肖谦之主编的《生活报》已问世,舒群主编的《知识》,王阑西和苙苏主编的《民主论坛》,张东川和公木主编的综合文艺刊物,陈学昭、严文开主编的纯文艺刊物亦在积极筹备中。陈学昭所著的《漫游解放区》一书,已在付印中。除新华书店正在筹备开办外,其他如宝山等各大书店,均已照常营业。[4] 据当时《东北日报》报道:"此种欣欣向荣气象,使今后在本市文化教育艺术各方面,将在和平民主建设

---

① 《东北日报》,1946 年 5 月 1 日,第 1 版。

② 《东北日报》,1946 年 4 月 28 日,第 1 版。

③ 刘居英谈话记录,《中国共产党长春地区革命斗争史资料》,长春市档案馆档案历 20-2-46 号卷。

④ 《东北日报》,1946 年 4 月 29 日,第 1 版。

中起极其重大作用"。[1]

根据中共长春市委"尽快消除日伪残余势力和国民党地下组织,迅速恢复市内的正常秩序"的指示,长春市公安总局立即紧急行动,通过发动群众检举揭发和严密部署、认真调查,在较短的时间内,搜捕到日伪战犯、汉奸和警察头目以及国民党特务200多人,简任(少将)以上的有60多名。其中有伪奉天省特务机关长三浦敏士、伪奉天省公署次长竹内德宪、伪中央银行总裁西山勉、伪满经济部关东军顾问中村义雄、伪新京特别市市长徐绍乡、伪满民生部大臣孙其昌、伪满驻日本大使谢介石、伪满首都宪兵团少将团长于惠乡、汉奸王树藩等。[2] 为维护社会治安,还关闭了烟馆,解散了妓院。查办捕获各种不法分子近百人,从而在较短的时间内,使长春社会秩序渐趋稳定。

在清除日伪残余势力和国民党地下组织的同时,在中共长春市委和市政府的领导下,开展了轰轰烈烈的翻身运动。全市共组织8个工作队,分赴8个行政区访贫问苦,帮助群众组织工会、贫农团、房产团和清算委员会等组织。4月30日,和顺区吉林分区居民,首先向"德增盛"和"聚兴泰"等9家配给店进行说理斗争,清算出盘剥居民钱款300余万元。《长春新报》第31期第1版及时进行了报道:吉林分区居民清算揭发伪满配给店主米掺砂、油掺米汤、酒掺水,欺压盘剥百姓的罪行,昔日耀武扬威的配给店主不得不低头认罪。随着翻身运动的深入发展,各区普遍开展了以

---

① 《东北日报》,1946年4月29日,第1版。

② 臧家声:《长春市人民公安史长编(1945.8—1949.9)》,1989年版,第15页。

反房霸减房租,分配敌伪土地等为中心的清算斗争。5月3日,东荣区八里堡分区居民,举行分配敌伪土地大会,每人分得土地1至2亩。5月7日,敷岛区吉野分区居民,经过公议,将敌伪时期的房产29间,分配给了29户居民。东大桥分区和永长分区居民先后批斗了恶霸房东赵福祥和张云峰。群众高呼:"国民党来了,是要穷人的命,共产党来了,是要穷人活!"①与此同时,长春市各工厂也掀起了清算斗争高潮。仅长春烟草公司就清算出香烟50大箱,价值65万元,全部分给了工人。5月8日,电车工人批斗了伪科长关庆绅,200多工人一致要求他将过去吞食的配给物品发还给工人。有的工人说:"你以前太狠心了,机器要抹油,人要吃饭,工人就算是你养的一条狗,也得喂喂食呀!你就忍心把我们的配给品全都独吞了吗?"在工人们的说理斗争下,关庆绅只好低头认错,答应吐出100多万元。②电车工人斗争的胜利,极大地激发了工人的劳动热情,他们日夜赶修,在5天内修好了3辆电车,使当时长春营运的电车由4辆增至7辆。电车工人真正成了公司的主人。

5月2日,长春市敌逆财产清查委员会正式成立,办公地址设于熙光路(原光明路)701号。主任委员叶季壮,副主任委员贺诚、孙立基。下设调查、清算、经理3个处。该会系由军政机关联合组织,其任务是统一清理和分配敌逆财产,同时还制定发布了《举发敌逆财产奖励条例》,从而使全市的翻身运动和清算斗争更

---

① 《东北日报》,1946年5月13日,第1版。

② 《东北日报》,1946年5月20日,第1版。

加深入广泛地开展起来。这场斗争不仅打击了敌伪势力,而且极
大地调动了人民群众当家做主的积极性。通过对比,人民群众进
一步认清了国民党打内战的阴谋和欺压人民的反动本性。共产
党和民主联军解救民众于水火之中及其所实行的民主政策,更加
深入人心,受到民众的拥护和爱戴。

　　建设人民政权,支援解放战争,是当时一项极其重要的任务。
为了实现人民当家做主,长春市职工代表大会于 5 月 18 日在东
北总工会大礼堂隆重开幕。到会代表 300 余人代表长春 20 万职
工,选举了田文达、袁博之(女)、胡黎光、杨长春等 40 人为执委,
同时还选出了代表职工的工人参议员。彭真、石磊到会祝贺并发
表了重要讲话。大会号召"长春的工人们要团结起来,武装起来,
援助前线,保卫长春"。① 从 5 月 13 日起,长春市政府即筹备召开
长春市参议会。参议会召开之际,《东北日报》发表社论说:"参议
会是最高的民意机关,它将把全市各阶层人民的要求集中起来,
确定民主新长春的施政纲领,并民主选举为人民服务的政府委
员,团结全市八十万人民,把九一八后十四年中残害东北人民的
首脑城市,建设为和平民主自由繁荣的城市。"为迎接这一盛会,
在会场门前及临近的街道上,高搭彩楼,悬挂着巨幅的红布标语。
正当 130 位代表准备于 5 月 23 日出席这一庄严隆重的大会时,
参议会因战事紧张而未能如期召开,但它充分体现了人民的心愿
和人民政府的民主主张。

　　正当长春人民进行和平民主建设之时,四平保卫战激战犹

---

① 《东北日报》,1946 年 5 月 22 日,第 1 版。

酣。为支援前线,巩固后方,保卫胜利果实,长春市人民掀起了广泛的拥军劳军热潮。在一个月的时间里,全市已筹集了 3 万双军鞋,1200 匹布及手巾、肥皂等物品,并组织 120 人的慰问团慰劳前方将士。[①]

长春地处四平战区的后方,战略地位十分重要。为加强中共在东北的有利地位,中共中央东北局于 5 月初由梅河口迁到长春,并决定派出一些负责干部参加中共长春市委。经改组后的市委领导成员是:书记林枫(兼),副书记石磊,组织部部长陈东平,宣传部部长王阔西,秘书长徐慎。林枫兼任中共长春市委书记,这是当时唯一的一位中共中央委员任市委书记。其他委员有:叶季壮、陈郁、汪金祥、张化东、刘俊秀、刘居英、张文海、赵东黎、郭伟人、周桓等。[②] 此时,长春已成为中共在东北的政治中心。鉴于长春重要的战略地位及光复后中共中央派遣大批干部和军队进入东北,并建立了地方人民政权的有利形势,毛泽东曾打算将中共中央迁至长春。1946 年 3 月,在苏军撤离长春前夕,中共中央致电东北局,提出在苏军撤退前中共应力争占领长春,并"以长春为我们的首都"。现将电文有关部分抄录如下:

寅卯:

(一)苏军距撤完只有三十五天,你和辰兄交涉时除

---

① 张世杰:《创办初期的长春新报》,《吉林省革命博物馆文集》第一辑,吉林省革命博物馆,1985 年版,第 93 页。

② 中共吉林省委组织部、中共吉林省委党史研究室、吉林省档案馆编:《中国共产党吉林省组织史资料》,吉林人民出版社,1994 年版。

请他们速让我军进攻占长哈两市及中东全线外,另请他
们加拨枪炮若干……以便广泛武装东满北满民众及我
军。(二)力争我党占领长春,以长春为我们的首都。此
事须迅速说服辰兄让我进驻,如得同意东北局应准备迁
长春。(三)……

> 子丑
>
> 寅有①

　　5 月 14 日,国民党军集中十个师的兵力,分为三个兵团向四
平街地区全面进犯,于 18 日突破防线,经中共中央批准,东北民
主联军于 18 日夜撤出四平。由于局势骤变,中共中央及时调整
了战略部署,因而改变了中央机关迁往长春的计划。国民党军占
领四平后,分三路向北进犯,希图与民主联军主力决战于长春、永
吉一线,以便将民主联军压向松花江以北,"在军事上,可与共军
隔江对峙,形成天堑"。②

　　面对国民党军的猖狂进攻和敌强我弱的形势,中共中央东北
局"决定排除要继续坚守长春,把长春变为第二个凡尔登的不切
实际的主张"。③ 为保存主力,摆脱被动与不利的局面,东北民主
联军遂于 5 月 21 日撤出公主岭,22 日撤出长春。接着国民党军
又进占了吉林、永吉、梅河口、海龙、双阳、伊通、磐石、九台、小丰

---

　　① 文中"辰兄"是指苏军司令部,"寅有"为日期。
　　② 杜聿明:《国民党破坏和平进攻东北始末》,《辽沈战役亲历记》,文史资料出版
社,1985 年版,第 555 页。
　　③ 韩先楚:《东北战场与辽沈战役》,《辽沈决战》,人民出版社,1988 年版,第 88 页。

满水电站、农安、德惠、桦甸等地,控制了松江以南的广大地区。东北民主联军大部主力撤至松江北岸休整,分别在北满、东满等地创建根据地,为夺取东北解放战争的最后胜利奠定了基础。

第六节　苏军与长春政局

1945 年 8 月 19 日至 1946 年 4 月 14 日,苏军进驻长春 8 个月有余。在苏军对长春实行军事管制期间,国共两党对长春的争夺,无不与苏军当局有关。在国共两党几经争夺,几经易手的过程中,苏军当局对长春的政策出现了无法克服的自相矛盾。这对长春的解放事业,既有其积极使用,也有其消极影响;既支援了长春人民,也限制了人民的革命行动。

支持中共在长春建立人民武装和地方政权　1945 年 8 月 19 日苏军进驻长春以后,长春的政局仍然动荡不安。伪满汉奸、日本政客、国民党的各种政治派别和中共的地下党组织,在长春开始了公开的政治较量。一些伪满汉奸和政客竟然打出"东北地方临时治安维持会"的招牌,公然表示等待国民党中央的"接收"。尽管这个"维持会"不久便被苏军解散,但它的影响是极其恶劣的,使已经动荡不安的长春政局,更加动荡和混乱。因此,长春政局的稳定,对于苏军当局来说,是至关重要的。

9 月 8 日,周保中率部百余人由沈阳乘机抵达长春。周保中任东北人民自卫军司令,兼任苏军长春中央警备司令部副司令。周保中率部到达长春以后,当务之急就是要建立人民武装,保卫胜利果实。在这个关键的问题上,苏军当局给予了全力的支持。

于是,周保中以抗联干部和中共长春地下党干部申东黎、傅根深等为骨干,在长春发动群众,组建了人民武装。同时,查封了反动报刊,解散了反动组织,稳定了长春政局,使长春人民看到了光明和希望。

为了迅速发展革命力量,挫败国民党东北行营"接收"东北,"接收"长春的企图,1945 年 11 月上旬,中共中央东北局经与苏军协商同意,派刘居英任长春特别市市长,建立了中共领导下的长春市第一个民主政权。在发布新政府七条施政纲领的第一号文告中,将"协助苏军实行军事管制,发展与巩固中苏友谊"置于首要位置。

对于已经建立人民政权的城镇,苏军当局是支持的。1946 年 1 月 20 日,国民党九台县县长乔树芳在苏联联络员陪同下,赴九台"接收"。这时九台已建立人民政权,对于乔树芳的"接收",县人民政府负责人据理予以驳斥。乔树芳无言以对,只好表示"你们不同意我就回去"。对此,苏军联络员则说:"这是你们自己国内的政治问题,我们不能干涉",①从而使乔树芳的"接收"未能得逞。后来,乔虽然"接收"了九台,但只能在城内活动。九台苏军军管司令明确表示:"你们对外的重要行动,必须和我联系商酌,否则,我们不负安全的责任。"②

1946 年 4 月 14 日 12 时,苏军撤离长春。在苏军的默许下,中共取得了首战长春的重大胜利。攻占长春,不仅使长春重获新

---

① 乔树芳:《国民党"接收"九台经过》,《吉林文史资料》第 13 辑,第 45 页。
② 乔树芳:《国民党"接收"九台经过》,《吉林文史资料》第 13 辑,第 45 页。

生,同时也使国民党迅速侵占整个东北的企图受到沉重打击,对东北以及全国大局有着极大的影响。

从 5 月中旬开始,国民党集结重兵大举北进,5 月 19 日进占四平,5 月 23 日占领长春,嗣后又占据了松花江以南的广大地区。国民党军的猖狂进攻,使东北解放区的形势面临着十分严重的局面。当时,由于国民党军战线拉长,兵力分散,鞍海战役潘朔端起义,拉法之战又失掉一个团,增加了后顾之忧,加上中共坚持无条件停止内战,因而蒋介石不得不同意停战半个月。此时,苏联曾通过外交途径向美国提出警告:如美国再继续举行这种对苏带有"进攻性"的政策,苏联将不能坐视。① 苏联的积极干预,迫使马歇尔压蒋停止北进,应该说是个极为重要的因素。

苏军驻长期间,对长春政局的发展是关注的,对中国人民是友好的,苏联支持了长春人民的解放事业,从而使国民党在长春的接收屡屡受挫。

延缓撤军协助国民党"接收"长春 从苏军进驻长春伊始,根据中苏签约的有关条款,苏军就准备把长春交给国民党。《中苏友好同盟条约之换文》第二条规定"苏联政府以东三省为中国之一部分,对中国在东三省之充分主权重申尊重,并对其领土与行政之完整重申承认"。同时,在《关于中苏此次共同对日作战苏联军队进入中国东三省后苏联军总司令与中国行政当局关系的协定》中,明确规定:"在敌人业已肃清之区域,依照中国法律设立行

---

① 杨泽民:《苏联与中国解放战争》,《世界史月刊》1989 年第 5 期。

政机构并指挥之","中华民国国民政府即担负管理公务之全权",①从而确认了国民党"接收"长春的合法地位。

1945 年 10 月 10 日,在苏联政府的同意下,国民党政府主席东北行营在长春成立,并拟以长春为国民党统治东北的军政中心。由于有苏军当局的支持,熊式辉、张嘉璈、蒋经国、莫德惠等40 余人才敢于由重庆飞抵长春,成为国民党首批到达东北的"接收"大员。为在国民党军出关前,尽快实施"外交接收"东北的企图,蒋介石饬令国民党中央各部会及九省二市"接收"大员迅即赶赴长春。这些"接收"大员到长后,熊式辉曾向苏军总部提出派员到各地"视察"的要求。尽管苏军当局表示对去沈阳、哈尔滨的人不负有安全责任,但仍于 10 月 21 日派专列护送莫德惠到吉林进行所谓"宣慰"。

1945 年 10 月下旬,在行政接收受挫以后,国民党军在美国的援助下,公然以武力"接收"东北,并于 11 月 16 日占领山海关。鉴于当时的形势,苏军为执行中苏签约中的有关规定,决定把中长路上的大城市包括沈阳、长春、哈尔滨等交给国民党政府。12月 12 日,苏军当局迫使中共撤出了长春。1946 年 2 月初,在苏军的协助下,国民党"接收"了九台和农安,使已经获得自由和解放的长春人民,又陷入了国民党的黑暗统治之中。苏军当局将已经建立人民政权的城镇又拱手交给国民党的行为,极大地伤害了中国人民的感情。

---

① 王德贵等编:《"八·一五"前后的中国政局》,东北师范大学出版社,1985 年版,第 484 页。

根据苏军向东北行营主任熊式辉递交的《苏军从满洲里撤退计划书》规定,到 1945 年 12 月 3 日,苏军将从东北撤退回国。[①]由于在中共领导下的东北人民自治军的英勇抗击,使国民党无法实现如期"接收"的企图。国民党政府自己提出,如苏军按规定期限撤出满洲,该政府"将陷于非常困难的境地"。[②]于是,国民党政府一再要求苏联延缓撤军,先是推迟到 1946 年 2 月,后又延至 4 月。苏联政府之所以同意延缓撤军,"这一方面是为了确保将三大城市及长春铁路干线正式移交给国民党;另一方面,也是为了以实力为后盾,拒绝美国力量直接渗入满洲"。[③] 1946 年 1 月 22 日,宋美龄在蒋介石的授意下匆匆来长,向苏军又是慰问,又是授勋,才使国民党得以调兵遣将,并在美国的援助下,将军队和武器装备源源不断地运往东北,使国民党军得以占据松花江以南的广大地区。

关键在于苏联的对华政策 从 1945 年 8 月到 1946 年 5 月,国共两党对长春争夺期间,苏联当局对国共两党的态度,随着国共双方力量的消长而有所变化。苏联对中共领导下的长春人民为建立革命政权而进行的斗争,是既支持又限制;对国民党的"接收"活动,是既协助又拖延。但主要方面,则表现为支持蒋介石在长春,在东北,在全中国的统治权。苏军当局的这一政策,是与苏

---

① 杜聿明:《国民党破坏和平进攻东北始末》,《辽沈战役亲历记》,文史资料出版社,1985 年版,第 536 页。

② 《击溃日本帝国主义是中国革命胜利的决定性因素之一——1945—1949 年的苏中关系》,王德贵等编:《"八·一五"前后的中国政局》,东北师范大学出版社,1985 年版,第 497 页。

③ 陈云:《陈云文选(1926—1949)》,人民出版社,1984 年版,第 222 页。

联政府对华的总政策一脉相承的。

苏联政府对华的总政策,随着世界形势和中国政局的变化,在不同时期而有所不同,是"一种流动而有弹性的政策"。① 从雅尔塔会议到20世纪50年代,苏联政府的对华政策可分为三个时期,每个时期都有着微妙的,甚至是明显的变化。

第一个时期:从1945年2月雅尔塔会议前后到1945年8月苏联对日宣战。雅尔塔会议达成了美英苏三国关于苏联对日出兵的协议,而这个协议是以同意恢复1904年日俄战争前俄国在东北的权益和维持外蒙古的现状等条款为先决条件的,从而划分了三国在华的势力范围。为了防止苏联可能站在中共一边进行干预,美国总统罗斯福于1944年夏就曾派副总统华莱士来华与蒋介石会谈,希望蒋介石同苏联签订某种协定,"以排除苏联干涉中国内政的可能性"。②

蒋介石在美国的授意下,为取得一统中国和实现日本投降后行政"接收"东北的迷梦,于1945年7月初派宋子文到莫斯科谈判。蒋介石政府以承认外蒙古独立,大连为国际自由港,中长铁路由中苏共管,旅顺军港租予苏联为代价,换取苏联对蒋政权的支持。1945年8月14日《中苏友好同盟条约》的签订,使《雅尔塔协定》更加合法化,使中苏之间的关系用条约的形式确认下来。这一时期苏联的对华政策是:不支持中国共产党;不愿中国有纷

---

① 美国国务院:《美国与中国的关系》(上),中国现代史资料编辑委员会,1957年翻印。

② [英]F.C.琼斯、休·博顿、B.R.皮尔恩:《1942—1946年的远东》,上海译文出版社,1979年版。

争和内战;完全承认蒋介石领导下的国民政府,并愿意对中国有更密切和更和睦的关系。① 这种所谓"更密切和更和睦"的关系,就是企图拉拢蒋介石政府倒向苏联,或最低限度也要促使蒋保持中立,以便使中国成为美苏之间的一个缓冲区域。

这一时期,由于苏联对中国政局的错误估量,因而导致了其对华政策的全盘失误。这种失误集中表现在中苏签约的整个过程中,斯大林只相信蒋介石,而不相信毛泽东,从而否认了中国共产党在中国革命进程中的地位和作用。

第二个时期:从1945年8月末八路军出关到1949年中华人民共和国成立前夕。1945年8月8日,苏联对日宣战,9日出兵东北,使中国的抗日战争进入了最后阶段。为配合苏联红军对日作战,八路军延安总部发布了受降及配合苏军作战等七号命令。靠近东北的冀热辽军区李运昌部,利用苏军进入东北的有利时机,首先向东北进发。与此同时,配合苏军作战的东北抗日联军,在57座城镇建立了人民政权。中共武装力量在东北的迅速发展,使蒋介石感到惊慌失措。此时,蒋介石一方面幻想依据中苏签约,从苏军手中"接收"东北;一方面依靠美国的援助,将集结于大西南的国民党军北调,以便用武力来争夺东北。

人民武装力量在东北的发展,国民党政府迅速倒向美国的事实,促使苏联重新考虑了对华政策。而制定这一政策的出发点,就在于维护苏联在东北的权益。苏联政府按照中苏签约,既要支

---

① 美国国务院:《美国与中国的关系》(上),中国现代史资料编辑委员会,1957年翻印。

持蒋介石,又不能忽视中共武装力量在东北的发展。因为这种力量可以限制美蒋势力向东北的扩张。如果中共能够在东北站住脚,建立中国共产党领导下的红色政权,那么对苏联当然是十分有利的。这一时期苏联的对华政策主要表现为:"一方面把沈阳、长春、哈尔滨三大城市及长春铁路干线交给国民党;另一方面,援助我党在满洲力量的发展。"①苏联这种自相矛盾的政策,在国共两党争夺长春、争夺东北的过程中,表现得十分明显。当中共的力量在长春迅速发展之时,苏军当局支持了长春人民。当国民党军进占长春之际,又协助国民党进行"接收"。如此矛盾的现象,产生于矛盾的政策,说明苏联仍然相信国民党对中国政治和军事的统一,面对中国革命则是半信半疑。

第三个时期:从 1949 年 10 月 1 日到 20 世纪 50 年代末。经过 3 年解放战争,中国人民在中国共产党的领导下,打败了国民党,取得了中国革命的最后胜利。苏联政府的对华政策由支持国民党政府转而支持中国人民的革命和建设事业,中苏关系揭开了新的一页。

综观这段历史,苏联政府对中国革命事业的态度正如毛泽东所说:"解放战争时期,先是不准革命,说是如果打内战,中华民族有毁灭的危险。仗打起来,对我们半信半疑。仗打胜了,又怀疑我们是铁托式的胜利,1949、1950 两年对我们的压力很大。"②

---

① 陈云:《陈云文选(1926—1949)》,人民出版社,1984 年版,第 221 页。
② 《毛泽东选集》第五卷,人民出版社,1977 年版,第 286 页。

第四章　国民党统治时期

第一节　强化军政机构，发布反动政令

　　1946 年 5 月 23 日，国民党新六军和新一军进占长春。国民党东北军事当局任命新六军军长廖耀湘为长春警备司令，并由该军负责长春地区的"治安责任"。国民党军进占长春以后，熊式辉保荐尚传道兼代长春市市长。5 月 28 日，尚传道携其班底部分成员市府秘书长刘守刚，警察局局长许赓扬等到长任职。5 月 29 日，东北保安副司令长官郑洞国以东北保安司令长官部前进指挥所主任的名义进驻长春。① 5 月 30 日下午 4 时，蒋介石在白崇禧、杜聿明的陪同下，由沈阳飞抵长春视察。在机场大厅会见长春地方豪绅、地主、巨富及各界代表时蒋声称"保证不扩大战争"，而在接见国民党军将校官佐时，却扬言要向松花江以北进军。蒋介石在机场虽然仅逗留两个小时，然而其用心却昭然若揭。

　　国民党军进占长春以后，长春已成为国民党军向北满、东满进犯的桥头堡，战略地位十分重要。因而加强国民党在长春的统

---

① 尚传道：《四进长春》，《长春文史资料》第八辑。

治,"巩固已占领的据点",准备大打,是蒋介石此行的真正目的所在。当时,长春军政机关林立,据国民党长春警备司令部参谋处于 1946 年 12 月初的统计,驻长部队、军事机关及其后勤机关有 106 个单位,警察 21 个单位,党团 9 个单位,地方行政机关 26 个单位,经济部各机关 29 个单位,交通部各机关 38 个单位,财政部各机关 3 个单位,教育部各机关 5 个单位,粮食部各机关 3 个单位,总计军政机关达 240 处之多。其中重要的军政机关有:长春警备司令部、长春市政府、东北保安司令长官部前进指挥所、军调部、美国军事战略情报处、空军司令部、美国副领事、东北保安第二总队、东北行辕办事处、东北行辕政治委员会①、吉林省党部等。② 松江省、嫩江省、黑龙江省及哈尔滨市党部办事处亦相继在长春市成立。长春已成为国民党北犯东进的前哨和大本营。

1946 年 4 月 14 日,东北民主联军首战长春时,国民党长春市市长赵君迈为攻城部队俘获。后由蒋经国在重庆活动,经国共最高军事三人小组协商同意,将赵君迈与国民党在沈阳拘押的中共方面的作家金人交换释放。③ 赵君迈于 7 月 27 日到长春市政府"接篆视事"。熊式辉在给吉林省政府的训令中,称赵"忠贞可嘉",并令"尚委员即回本职,无庸兼代该市市长职务"。④ 赵君迈重任市长后,组建了市府的班子,委任罗涤之为秘书长,肖仁树为

① 1946 年 8 月 24 日,国民党国防最高委员会第 198 次常务会议决议:"各地军事委员会委员长行营,改称为国民政府主席行辕,其组织及职权均照旧办理"。(长春市档案馆档案历 23-1-31 号卷)

② 长春市档案馆档案历 23-1-30 号卷。

③ 尚传道:《四进长春》,《长春文史资料》第八辑。

④ 长春市档案馆档案历 23-1-50 号卷。

财政局局长,孙亚明为社会局局长①,佟贵廷为教育局局长,董道铸为卫生局局长,张维沇为工务局局长,杜理程为公用局局长,许赉扬为警察局局长。② 市府下辖18个区,即中山区、中正区、长春区、钟华区、和顺区、宽城区、东荣区、东光区、安民区、合隆区、大屯区、双德区、北河东区、南河东区、净月区、春阳区、劝农区、西阳区。③ 光复时,长春市人口计80余万。自1946年8月始,历时两个半月,遣送日侨俘20万余人,长春尚有人口计611186人。④ 其中农业、手工业、商业、交通运输业、公务员和无职业者人口占有较大比重。

　　长春街区名称,多由日伪所命名。国民党军进占长春以后,皆予以"正名",并贴上了"蒋记"的标签。1946年7月8日,尚传

---

　　① 孙亚明,哈尔滨人。1935年年初,进入日本专修大学经济学部,在留学生中秘密进行抗日救亡活动。1937年7月,到达延安,在新华社工作。1944年被派往重庆做地下党工作。1945年9月,受中共派遣到长春做地下工作,并以国民党接收人员的身份同国民党委派的长春市市长赵君迈同往长春。12月下旬,国民党接收了长春市政府,孙亚明任政府参事及敌伪产业保管委员会副主任委员,并曾安排中共长春市委书记石磊与赵君迈会见。1946年"四一四"战役时"被俘",中共放回赵君迈时,以随员身份同返长春,时任社会局局长。1946年年底,任公用局局长。1947年10月,孙桂籍出任市长时,仍留用为公用局局长。1948年2月,辞去公用局局长职务,到长大任教授兼任总务长,组织进步师生开展了反迁校运动。1948年4月底,被选为校务委员会主任委员,临时主持校务,引导学生于6月举行了一次反饥饿、反内战的游行示威,同时组织师生通过卡哨到达解放区。1948年9月10日前后,孙亚明也回到了解放区。(孙亚明,《我以国民党接收人员身份在长春开展地下工作的情况》,《长春史志》第五期,1988年)。

　　②《长春市局长及中等以上学校主管人员(七月份)报表》,1946年市府长秘人字第562号,长春市档案馆档案历23-1-23号卷。

　　③ 长春市保甲户口统计表(1947年8月),长春市档案馆档案历23-2-28号卷。

　　④《长春市人口教育程度统计表》(1947年1月),吉林省档案馆档案D1792号卷。

道兼代市长时,因"敷岛、顺天、大同三区名称原系敌伪用语,与我国情不合。兹决定将敷岛区改为中山区、顺天改为钟华区、大同区改为中正区,以整观瞻,而正视听"。[①] 嗣后,赵君迈接任市长时,又以布告的形式,将街路、广场、公园重新命名。现将布告抄录如下:

长春市政府布告

(35)□都字第 537 号

查本市街路名称,其带有敌伪色彩者,业经本府请各界于本月 20 日开会审查改正在案,兹特公布如左,仰各周知,此布。

计　开

一、旧附属地地区

新命名	旧街名	新命名	旧街名
北中山街	北中央道	东二条街	东二条通
北一条街	北一条通	东三条街	东三条通
北二条街	北二条通	东四条街	东四条通
北四条街	北四条通	东五条街	东五条通
北五条街	北五条通	东六条街	东六条通
北六条街	北六条通	东七条街	东七条通
北七条街	北七条通	东八条街	东八条通
北八条街	北八条通	西一条街	西一条通

---

① 《长春市政府训令》,(35)社区字第 264 号,长春市档案馆档案历 23-1-29 号卷。

（续表）

新命名	旧街名	新命名	旧街名
北九条街	北九条通	西二条街	西二条通
北十条街	北十条通	西三条街	西三条通
忠孝路	住吉町	西四条街	西四条通
仁爱路	高沙町	西五条街	西五条通
信义路	尾上町	长白路	日出町
和平路	春日町	黑水路	富士町
中山大街	中央通	黄河路	三笠町
汉口街	敷岛通	长江路	吉野町
东一条街	东一条通	珠江路	祝町
天津路	室町	蔷薇路	山吹町
青岛路	弥生町	白菊路	白菊町
芷江路	浪速町	梅花路	菖蒲町
吴淞路	曙町	翠竹街	柏木町
宁波路	入船町	青松街	樟木町
厦门路	梅枝町	春郊路	千草町
广州路	永乐町	崇文路	菊水町
香港路	老松町	振武路	振武町
辽宁路	和泉町	百合街	樱木町
安东路	露月町	花园街	花园町
辽北路	羽衣町	北平大路	八岛道
永吉路	锦町	胜利大路	日本桥通
合江路	蓬莱町	南京大街	大和通
松江路	平安町	贵阳街	大亚街
龙江路	常盘町	上海街	朝日通
嫩江路	千岛町	凯旋街	军用路
呼伦路	府后路	海棠路	结梗町
山仙路	水仙町	芙蓉路	芙蓉町

二、新市街区域

新命名	旧街名	新命名	旧街名
中正大街	大同大街	重庆路	丰乐路
民安路	天安路	自由大路	至圣大路
五强街	五色街	影城街	映画街
东民主大街	东万寿大街	南湖大路	盛京大路
西民主大街	西万寿大街	敬业街	南岭同仁乡
桂林街	宝清路	台儿庄路	东高台路
万宝街	天宝街	复兴大路	协和大路
新疆街	龙门街	民权大街	顺天大街
民生大路	安民大街	吉顺街	永吉街
清华路	神泉路	太原大街	西阳大街
乐群街	乐土街	西康路	金辉路
徐州路	黄龙路	青海街	开元街
光明街	重光街	民族大街	和平大街
同志街	同治街	东中华路	东顺治路
普庆路	天庆路	西中华路	西顺治路
南昌路	元寿路		

三、其他

新命名	旧街名	新命名	旧街名
光荣路	共荣路	开封街	天佑街
昆明街	天福街	西安路	天光路
衡阳街	天道街		

四、广场

新命名	旧街名	新命名	旧街名
民生广场	建国广场	民族广场	盛京广场
民权广场	安民广场	自由广场	至圣广场
中正广场	大同广场		

五、公园

新命名	旧街名	新命名	旧街名
中山公园	儿玉公园	民权公园	顺天公园
中正公园	大同公园	南郊公园	黄龙公园
长春公园	新京公园		

市长　赵君迈

工务局局长　张维沇

中华民国三十五年七月二十七日①

　　从 1946 年 5 月 23 日国民党进占长春，至长春解放，国民党长春市政府先后四易市长，初为尚传道兼代，继而为赵君迈复出。翌年 10 月初，蒋经国调赵君迈为上海渔业总局局长，赵遂辞职赴沪上任。1947 年 10 月 4 日，孙桂籍由沈阳来长春就任，当令 4 个月有余，各局局长皆由孙委任。秘书长喻崧、民政局局长王家驹、财政局局长曹肇元、教育局局长李辉英、卫生局局长徐庆瑞、工务局局长张维沇（后改任孙亚明）、公用局局长孙亚明、警察

---

① 长春市档案馆档案历 23-1-29 号卷。

局局长乐干。① 1948 年 2 月初,孙桂籍被选上国民党立法委员,于 2 月末辞去市长职务。同年 3 月 1 日,尚传道接任市长,至郑洞国投诚。此间,国民党长春市政府各局局长为:秘书长刘振钧、民政局局长申惠文、财政局局长张竹青、教育局局长佟贵廷、工务局局长张维沆、会计处处长高镜清、警察局局长袁家佩。②

国民党统治长春时期,发布的政令及规程多如牛毛,它如同条条锁链,将长春人民禁锢于囹圄之中。1946 年 5 月 25 日,国民党军进占长春的第三天,国民党东北行营主任熊式辉立即向长春市民发布布告,"严饬军政人员切实维持地方治安",对"倘有不逞之徒造谣滋事破坏秩序,一经察觉,定予严惩,决不姑宽"。③ 于是,特务横行,幽禁无辜,草菅人命。据《东北日报》转载长春《湘潮日报》报道,仅在一所秘密的地窖中就囚禁70 余人,这些人"在肮脏的地上,不准穿鞋",过着非人的生活。又据《华声报》载,长春县警察局拘留所已人满为患。④

国民党长春市当局所发布政令及规程,多系转发东北行营所下达的"训令"及"法规",经变通后,照发贯彻执行。仅 1946 年,《东北行营公报》第 1、2、8、10 期所公布的"法规""训令""告示"就有 33 项之多。其重要者如《东北敌伪事业资产统一接收及处理办法》《收复地区土地权利清理办法东北各省市施行细则》《收复

---

① 长春市档案馆档案历 23-3-23 号卷。
② 长春市档案馆档案历 23-3-23 号卷。
③ 《东北行营公报》第 1 期,第 11 页,辽宁档案馆档案 JE1-1-185 号卷。
④ 《东北日报》,1946 年 8 月 29 日,第 1 版。

区实施户口清查办法》《各县保甲整编办法》等。① 根据东北行营发布之《东北日籍技术员工留用实施办法》,长春市"各机关留用日侨技术员工四千余人"。②

1946 年 8 月,国民党新六军调离长春,由新一军接替驻防。1947 年 11 月,沈阳"东北剿匪总司令部"电令新一军扩编为新一、新七两个军。编后新一军南调沈阳,新七军驻守长春。③ 除国民党正规军外,一些自立番号的"东北挺进军第十一路军""东北义勇军第二军团"等游杂部队亦挂牌立足长春。由于国民党市政当局拒绝"拨发给养",因而他们四处抢掠,对长郊乡民危害甚大。

第二节　"接收"敌伪资产,扩张官僚资本

国民党军进占长春以后,根据东北行营公布的《东北敌伪事业资产统一接收委员会省市分会组织规程》及《东北敌伪事业资产统一接收及处理办法》,成立了长春分会,并会同东北生产管理局长春分局"接收"敌伪事业资产。应予"接收"的范围,有"日本、德国公私事业机构及资产""伪满政府所有之资产及事业机构""朝鲜、台湾公营之事业机构及公有资产"等。按照《东北敌伪事业资产统一接收及处理办法》第五项规定,"所有接收之各项敌伪事业资产,均应就各该事业资产之性质及按中央与地方各级政府

---

① 辽宁档案馆档案 JE1-1-185 号卷。

② 赵君迈:《长春市政府施政总报告》,长春市档案馆档案历 23-3-34 号卷。

③ 郑星:《忆国民党新七军五十六师》,《吉林文史资料》第 13 辑。

机关之职掌,由总会分别决定接管机关接管之,同时报请东北行营转报行政院核备"。①

为了实施"接收"敌伪事业资产,扩张官僚资本,东北行营以法规的形式,先后公布了《东北敌伪事业资产统一接收委员会发动人民呈献敌伪物资办法》(以下简称《呈献办法》)、《东北敌伪事业资产统一接收委员会接收各军事机关及部队查封之敌伪物资办法》(以下简称《查封办法》)、《东北敌伪事业统一接收委员会随军接收敌伪物资办法》(以下简称《随军接收办法》)、《东北敌伪事业资产统一接收委员会敌伪物资告密奖励办法》(以下简称《告密奖励办法》)等。② 《呈献办法》规定:"各分支会及县市敌伪资产保管委员会于奉到本会命令后,应立即发动呈献运动,并须于发动之日起三周内完成之";"呈献人首应将敌伪物资之品名、数量、存放地点等项,口头或书面报告于所在地之分支会或县市敌伪资产保管委员会";"对于人民呈献之物资……应即按照售价或估价发给奖金";"逾期仍不呈献者,一经查明,除将隐匿物资没收外,并依法惩处之"。③ 对于"东北收复区内所有敌伪之一切物资,如有利用各种方法企图隐匿偷漏走失转让者",《告密奖励办法》中规定:"任何人均向本会及所属各分支会告密"。凡"向本会告密之敌伪物资,经本会查验接收后,依该项物资之批发市价提出一

---

① 《东北行营公报》第2期,辽宁档案馆档案 JE1-1-185号卷。
② 《东北行辕公报》第8期,辽宁档案馆档案 JE1-1-185号卷。
③ 《东北行辕公报》第8期,辽宁档案馆档案 JE1-1-185号卷。

定比例之奖金,以奖告密人"。①

日伪时期遗留下来的资产,理应归人民所有,只有人民才有使用和支配权。然而代表蒋、宋、孔、陈四大家族和官僚买办阶级利益的国民党集团,却利用"法规"的形式,将敌伪资产窃为一党所有,这就充分地暴露了国民党专制独裁的反动本性。根据国民党东北行营(辕)制订的"法规",国民党军及其政府"接收"人员打着合法"接收"的旗号,肆意进行掠夺式的查封和登记。按照《查封办法》第十四条规定:"各军事机关或部队对其查获之敌伪物资,如须留用时,应有优先留用权"。② 于是,进占长春的国民党各部队之间,到处占房子,抢地盘,贴封条,闹得长春市民怨声载道,鸡犬不宁。一些国民党大员以"接收"为名,也到处争夺房产。据《新生报》载:"一个敌伪工厂或房屋,至少有七八个官衙调查贴封,而每个官衙的调查还不止一次。至于'××局员工宿舍','××官长住宅'之类的封条,不胜枚举"。③ 长春市国民党房屋分配委员会又以"公用优先于私用"之名,下令凡"八一五"后民占敌产房屋,一律于一周之内迁出,如有不迁者,由监察小组强制执行之。于是,无家可归者比比皆是,"有的竟宿于严霜寒月之屋檐下"。但时隔不久,市民便发现"该房屋分配委员会又将是项房屋以高价出租,大发其财"。④ 在南长春一带,"其比如栉"的洋房大

---

① 《东北行辕公报》第 8 期,辽宁档案馆档案 JE1-1-185 号卷。
② 《东北行辕公报》第 8 期,辽宁档案馆档案 JE1-1-185 号卷。
③ 《东北日报》,1946 年 8 月 29 日,第 1 版。
④ 《东北日报》,1946 年 11 月 12 日,第 2 版。

楼,到处都贴满了封条。而在长春收容所,则有 1165 名难民无家可归。

从军队到政府,从国民党要员到一般官员掀起的这股抢占房屋贴封之风,愈演愈烈。长春市国民党当局不得不以警备司令部和市政府的名义发布布告:"任何机关非经警备司令部及市政府会同许可,不得以任何名义自由接收","现在市内各敌伪事业资产已贴之封条,概属无效。自经布告以后,倘再有假借名义擅贴封条或挪移资产强占房屋者一律以抢夺论罪"。① 这里所说的"以抢夺论罪",只是为了掩人耳目而已,而明目张胆地抢夺,确已暴露无遗。

长春市国民党当局为"接收"各项敌伪资产,根据东北行营关于《东北敌伪事业资产统一接收及处理办法》第十条规定,分别成立了军政、内政、财政金融、教育、经济、交通、农林、粮政、社会、司法行政、宣传、水利、地政、卫生、生产、房地产、物资管理等组处。各组处分别派"接收"人员前往"接收",并在月内造具《接收财产清册》报送分会,由分会转报总会听候处理。

东北敌伪事业资产统一"接收"委员会长春分会内政组呈长春分会,至 1946 年 7 月 26 日,已接收国誉印刷所等 17 处及各厂附属房产 11 所。又据东北生产管理局长春分局于 1946 年 7 月 22 日统计:日伪时期长春有工厂 429 家,已接收 144 家。现将分类列表如下:②

---

① 长春市档案馆档案历 23-1-53 号卷。
② 长春市档案馆档案历 23-4-126 号卷。

工厂类别	日伪时期工厂数	已接收数
金属机械工业	83	28
印刷及制纸业	59	1
制药及化学制品业	48	19
制材及木材加工业	43	10
被服布帛制作业	35	5
食料品工业	62	17
杂业及一般工业	65	40
窑业	34	24
合计	429	144

到 1946 年 8 月初,东北生产管理局长春分局已接收工厂 189 家。现摘录列入《接收财产清册》中的部分厂家,由此可窥其全貌。①

接收月日	番号	厂名	厂址	接收人
6 月 29 日	长产 1	满洲特殊制纸株式会社新京工厂	东盛大街 804 号	徐景昌
6 月 29 日	长产 4	新京金属工业株式会社	民丰路 202 号	吴宗禹
7 月 3 日	长产 28-12	东洋拓殖株式会社	曙町二丁目 24 号	赵心一
7 月 3 日	长产 30	满洲机械建设株式会社	兴安大路 641 号	王明阳
7 月 25 日	长产 33	杉山铁工厂	大马路 71 号	刘维义
7 月 20 日	长产 36	满洲暖水瓶株式会社	三笠町五丁目 1-3 号	赵振华
8 月 5 日	长产 79	新京铸物制作所	乐土街 701 号	刘维义
7 月 18 日	长产 82	满洲大豆化学工业株式会社	中正大街上海大楼内	宋立生
7 月 25 日	长产 88	满洲粮食株式会社	东盛路	蒋国光
7 月 30 日	长产 93	康德轻金属工厂	东来北街 332 号	蒋国光

① 长春市档案馆档案历 23-1-80 号卷。

长春市国民党当局将已"接收"的日伪时期工厂多予更名,如"浅川铁工厂"更名为"广大铁工厂","东亚造酒"更名为"长春酿酒公司","东洋机工会社"更名为"华顺锯铁工厂"等。[①] 已"接收"的工厂在经营方式上,有官办者如长春第一铁工厂、长春造纸厂、长春制材厂等;有租营和合营者,仅东北生产管理局长春分局接收的工厂实行此种方式者就有 61 家;有由政府接收而下放为民营者,如原属日伪松村组的建筑业厂家。[②] 上述工厂无论以何种方式经营,其目的都是榨取利润,扩张官僚资本,为战争机器输入物资和资金。

第三节　经济衰败,民生凋敝

工业:随着战局的变化,处于孤立无援的长春市国民党当局,由于财源枯竭,物资匮乏,采取了管制、停货和苛以重税的种种办法限制民族工商业的发展,致使中小企业纷纷倒闭,就是为国民党军需服务的厂商也难以为继。

益发合创设于 1892 年,是旧中国在东北地区具有代表性的民族资本主义工商企业。日伪时期,曾是当时两个资本在 300 万元以上的民族工商业户之一。国民党军进占长春以后,因其"接收"政策,益发合陷入困境。由于原料缺乏,资金短缺,水电常停,税率增加,致使所属制粉、制油、制米、制酒工厂陷入半停工状态。

---

① 长春市档案馆档案历 23-1-72 号卷。
② 东北行辕经济委员会档案 2-4-9 号卷。

1948 年 4、5 月间,长春泰发合、东发合、益发银行和益通银行相继关门。5 月以后,长春成为"陆上孤岛",益发合所属各工厂停止生产,厂房变成了国民党六十军的兵营。①

据有关资料统计,1947 年长春市工业同业公会 31 家,拥有会员 2165 人,说明民族资本有一定的发展。其中拥有 100 人以上的工会有 10 家,列表如下:②

公会名	会员数	公会名	会员数
制粉工业同业工会	128	皮革工业同业工会	127
粮业工业同业工会	168	薄铁工业同业工会	150
豆腐工业同业工会	132	铁工工业同业工会	122
西服缝纫工业同业工会	107	工程工业同业工会	139
中服缝纫工业同业工会	196	木器工业同业工会	135

由于战局的变化,长春市国民党当局十分重视粮食加工工业的发展。如 2 个面粉厂,平均日产量为 239250 袋。362 个碾米厂,日碾高粱米 30902965 斤。93 个榨油厂,日产豆油 1424170 斤,日产豆饼 356820 片。③ 以榨油工业为例,1946 年年底,输往沈阳的豆油达 1064 吨之多,而到 1947 年 6 月,只能输往沈阳 30 吨。后来,由于国民党当局实行"杀民养军"的政策,就是为军需服务的工业也纷纷倒闭。

商业:抗战胜利后,长春商业市场曾一度呈现出暂时的繁荣。

---

① 刘益旺、贾涛:《长春益发合兴衰始末》,《长春文史资料》第九辑,1985 年 5 月。
② 长春市档案馆档案历 20-1-414 号卷。
③ 长春市档案馆档案历 23-2-28 号卷。

由于官僚资本的蜂拥而入,市场经济呈畸形发展,形成了以东天街、光复路为中心的露天市场。据 1946 年调查统计,商店总数达 3970 家,其中百家以上的商业见下表:①

商业种类	商店数目	商业种类	商店数目
市场内食品商	128	百货店商	222
猪肉商	106	估衣商	111
国药商	132	旅店商	119
饮食店商	518	妓馆商	123
羊牛肉商	156	载货马车商	1065
旧货商	137		

到 1947 年,商业同业工会会员有 5493 户,从业者达 76440 人。然而商业发展极不平衡,其中服务行业有 3930 户,占商业会员的 71.5%。在服务行业中,手推车、人力车、饮食业、妓馆多达 2432 户,占服务行业的 61.88%。② 这是国民党黑暗腐朽统治的必然结果。

从 1946 年 7 月至 1947 年 6 月,长春市主要货物输出输入状况的统计,可以反映出这一时期物资交流的变化呈逆差趋势。详见下表:③

---

① 长春市档案馆档案历 20-1-51 号卷。
② 长春市档案馆档案历 20-1-51 号卷。
③ 长春市档案馆档案历 20-1-414 号卷。

（一）输出状况

单位:吨

品名	1946 年 7—12 月	1947 年 1—6 月	输出总计
米谷	7241	5195	12436
木材	2023	682	2705
木材加工	369	60	429
薪炭	63	30	93
大豆	20464	10980	31444
豆油	1064	30	1094
豆饼	7540	2035	9575
麻		370	370
其他	5152	5378	10530
合计	43916	24760	68676

（二）输入状况

单位:吨

品名	1946 年 7—12 月	1947 年 1—6 月	输入总计
棉布		72	72
棉纱	550	520	1070
棉制品	2645	133	2778
面粉	210		210
煤	16670	35465	52135
酒类	72		72
盐	24378	17760	42138
干鲜果	2781	4598	7379
汽油	180	228	408
其他	14785	78762	93547
合计	62271	137538	199809

到 1948 年 6 月 25 日,东北民主联军对长春正式进行封锁围

困以后,长春对外物资交流已完全终止。

财政与物价:商税锐减,财力维艰,使长春市经济处于困窘的境地。据国民党长春市政府兼市长尚传道呈吉林省政府兼主席郑洞国关于《本府三十六年度岁入岁出总决算书》时统计,岁入决算总额为 3587285999.32 元(东北地方流通券,下同),岁出决算总额为 3821216058.28 元,岁计不足额为 233930058.96 元。[①] 其中仅 7 至 11 月份不足额就达 165172737 元,[②]主要系亏欠 11 月份员工薪饷及警察经费。面对如此巨额的财政赤字,市府财政局局长曹肇元不得不承认:"当前财政,百孔千疮,无论中央地方,俱有同困,尤以本府财政,因屡经劫变,生产萎缩,商业凋零,农村荒芜,民生疲敝,外困每告吃紧,税源顿呈枯竭","其困窘之程度,亦有增而无已"。[③] 国民党当局在山穷水尽、穷途末路之际,"除续向行辕暨省府请求增拨补助费外",唯一的出路就是向长春市民横征暴敛,即所谓"调整税率,整顿税收",[④]以维持其反动统治。

随着税率猛增,长春市物价扶摇直上。据当时长春市商会工商组统计,以 1945 年"八一五"时基数为 100,1947 年 1 至 12 月份各类物价指数上涨的幅度,可以说明当时物价的严重形势。现将《中华民国三十六年度物价指数表》抄录如下:[⑤]

---

① 长春市档案馆档案历 23-3-21 号卷。
② 吉林省档案馆档案 D92 号卷。
③ 吉林省档案馆档案 D92 号卷。
④ 孙桂籍:《长春市政府施政总报告》,吉林省档案馆档案 D92 号卷。
⑤ 长春市档案馆档案历 23-2-148 号卷。

种类\月别	一月	二月	三月	四月	五月	六月	七月	八月	九月	十月	十一月	十二月	全年平均
主食品	435	672	803	1484	2331	2799	2990	3801	4234	5188	8278	15465	4040
副食品	547	716	906	1090	1679	2048	1944	1914	2178	3252	4883	6623	2315
调味品	763	133	1533	2317	4112	3899	4020	4963	4639	6330	10700	24152	5630
嗜好品	437	474	739	1065	1896	2372	2737	3039	3271	3350	5527	8713	2802
燃料品	114	163	185	1935	2363	4596	6217	6134	5693	7569	11886	34534	6782
衣料品	539	741	872	1238	1699	2483	3141	3400	3693	5067	8034	10553	3455
杂品	859	2655	3541	3381	5063	6072	7655	9894	9950	10843	10286	15190	7116
总平均	528	793	1226	1787	2735	3467	4101	4735	4808	5943	8513	16461	4591

若以各类产品价格统计,仍以"八一五"当时基数为 100,1947 年 1 月至 7 月,其物价指数如下:[1]

品名	单位	一月	二月	三月	四月	五月	六月	七月
白米	斤	433	544	774	933	1467	2067	2067
高粱米	斤	441	733	717	1900	2850	3889	4444
小米	斤	459	692	806	1483	2166	3185	3038
苞米面	斤	354	593	672	1510	2442	3384	3922
猪肉	斤	444	587	567	827	1233	1600	1887
牛肉	斤	534	598	682	999	1356	1827	1803
鸡卵	个	700	1098	1420	966	1240	1593	1509
豆腐	块	333	500	667	1000	1750	2000	2000
豆油	斤	395	777	806	1212	1601	1679	1795
酱油	斤	1000	1917	2209	3584	5053	6250	5750
粒盐	斤	1033	1983	2375	3592	3073	3375	4275
烧酒	斤	183	300	462	1200	852	987	1152

[1] 长春市档案馆档案历 23-2-148 号卷。

品名	单位	一月	二月	三月	四月	五月	六月	七月
块煤	100 斤	1876	2533	2800	2766	2867	5933	7033
花其布	尺	417	506	539	789	1155	1593	2278
洗衣肥皂	块	900	1133	1933	2267	4833	4000	5667
铅笔	打	750	2666	4170	4160	6000	6000	7500

　　1948 年以后，物价逐日暴涨，其生活必需品零售价涨势如下（价格单位：东北地方流通券，元）：①

日期 品种	大米 （市斗）	高粱米 （市斗）	苞米面 （市斤）	猪肉 （市斤）	豆油 （市斤）	盐 （市斤）	白士布 （市尺）
1 月 5 日	34000	18000	750	2000	1200	1200	2500
2 月 5 日	60000	33000	1900	3500	3500	5000	6000
3 月 15 日	59200	29400	1200	4000	2200	5000	5800
4 月 15 日	116800	70000	4000	10000	5000	15000	14000
5 月 15 日	320000	180000	8500	20000	11000	12000	14000
6 月 15 日	2260000	1200000	78000	90000	50000	46000	48000
6 月 25 日	5700000	3900000	250000	250000	150000	120000	120000

　　在上述生活必需品中，尤以粮价上涨最为迅猛。以高粱米为例，从 1 月 5 日至 6 月 25 日，已上涨了 217 倍。苞米面上涨了 333 倍。到长春解放前夕，已是有价无市了，长春市民挣扎在饥饿的死亡线上。

　　金融：1945 年 8 月，苏军进驻长春以后令伪满中央银行增印无号码的伪国币 97 亿元，同时发行红军票 9725 百万元，②

---

①　长春市档案馆档案历 23-3-107 号卷。
②　长春市档案馆档案历 20-1-809 号卷。

1945 年 12 月 22 日,国民党中央银行长春分行开业,同日开始发行东北九省流通券,其面值有 1 元、5 元、10 元、50 元、100 元五种。在长春流通市场上,东北地方流通券与伪币、红军票等值行使。1946 年 5 月,国民党军进占长春以后,陆续收回伪国币。同年 8 月 1 日,东北行营经委会公告,自本日起登记红军票百元券,并停止流通。翌年 5 月 15 日,国民党中央银行长春分行公告,红军票 10 元、5 元和 1 元券自本日起至 6 月 14 日兑换,截止后即停止使用。到 7 月 31 日,长春(包括怀德、九台、农安、德惠等县)共收兑红军票 110284 万元。至 9 月 1 日,共销毁伪国币 74600 万元。① 从 1947 年 6 月 15 日始,国民党中央银行发行的东北地方流通券独占了长春市场,东北地方流通券在长春发行情况如下:②

时间	发行额	累计发行额	发行指数 (以 1947 年年末为 100)
1945—1947 年年末	2928190	2928190	100
1948 年 1 月	797470	3725660	127.2
1948 年 2 月	655000	4380660	149.6
1948 年 3 月	1647500	6028160	205.9
1948 年 4 月	2050000	8078160	275.8
1948 年 4 月—5 月 15 日	2600040	10678200	364.7
5 月 16 日—7 月	39321800	50000000	1707.5

① 长春市档案馆档案历 20-1-809 号卷。
② 李捷:《举世罕见的通货膨胀》,长春市档案馆档案历 20-1-809 号卷。

长春市国民党当局为维持庞大的军政费用开支,发行了巨额钞票。以 1947 年年末东北地方流通券累计发行额为例,比日伪统治东北时期发行的伪国币和苏联出兵东北后发行的红军票的总和还多四分之一。[1]

长春的金融机构除中央银行长春分行外,还有中国银行、交通银行长春分行、中国农民银行长春分行、中央信托局长春办事处。1946 年 10 月,成立了中中交农四行联合办事处长春支处。民营的金融机构有:本地的益友、益通银行,外地的成功、沈阳商业、志城、兴亚、哈尔滨银行长春分行等。[2] 由于国民党政治腐败,大打内战,导致物价暴涨,财源枯竭,民生凋敝,经济崩溃,因而除中央银行承担军政费用汇款及印发钞票外,其他各行均于 1948 年 3 月 8 日先后停业。

农业:1946 年 5 月,东北民主联军撤离长春及周边各县后,农安、九台、双阳、德惠相继为国民党军所占据。逃往长春及各地的地主豪绅随之卷土重来,一些受到宽大处理的日伪警宪也原形毕露。他们以"维持城中治安"为名,成立警察大队,组织地主武装,打家劫舍,抢掠民财和土地,奸淫烧杀,疯狂地进行反攻倒算。据有关资料统计,仅双阳县于 5 月 29 日就逮捕农会干部及军政家属 50 余人,破坏了双阳镇东街区农会,杀害了东街、北街农会主任黄文义、刘俊及农会干部邹福政、刘清俊和新发堡区区长邓国军。双阳县政委乔海秋亦被敌人所暗害。[3] 榆树县的一些伪满

---

[1] 长春市档案馆档案历 20-1-809 号卷。
[2] 长春市档案馆档案历 20-1-809 号卷。
[3] 《建国前党在双阳的活动大事记》,《长春史志》第一期,1986 年。

残余、惯匪和反动的地主武装也趁机作乱。育民乡北新村恶霸地主蒋兴周,纠合地主王松岩等组织起 180 多人的大排队,盘踞于六号"福兴永"烧锅大院,负隅顽抗。混入我土桥联防队的伪新立维持会分队长李清,乘民主联军转移,打死农会会员樊大个子,杀害民主联军战士朱柏林等 4 人。[1]

地主豪绅、伪满警宪依靠国民党的势力窃夺县城及区乡政权以后,占有大量的土地,对农民进行更加残酷的剥削,使农村生产力遭到严重的破坏。从 1946 年 5 月至 1947 年 6 月,双阳县 17 万垧耕地大部分为地主所有,他们通过雇工剥削,收取地租和钱租。长春国民党守军经常到四郊烧杀抢掠,长春县小合隆区张乡约村被抢劫后,粮食及衣物几乎全被抢光。1948 年,在长春县兴隆山区,由于国民党军的洗劫,全区 11081 垧地,只种上 5858 垧,大片土地荒芜,无法耕种。在卡伦岗子村,国民党军抢去牲畜 400 余头,烧掉农具 1000 多件、房屋 122 间,使贫苦农民遭受了前所未有的浩劫。国民党军撤离双阳时,把 6 个区的粮仓的粮食分散到各大粮户埋藏起来,并组织地主武装在长春与双阳交界地区进行骚扰,使农民无法进行农业生产劳动,造成土地杂草丛生,农业萎缩。[2]

煤气与公交:"八一五"光复后,煤气生产即告中断。1947 年 1 月,煤气公司借得善后救济总署面粉 2940 袋,为筹备第一期复工基金。[3] 同年 3 月 1 日,成立煤气公司复工筹备处,历时 6 个月,

---

① 榆树县史志办公室:《解放战争时期榆树县根据地的建设》。

② 《双阳人民在解放战争中的参军支前活动》,《长春党史资料》第三辑,第173页。

③ 1947 年 9 月《长春市政概要》,长春市档案馆档案历 23-2-143 号卷。

仅修复一号水平炉,一号煤气储罐和第一精制室。从 9 月 5 日起,开始向今百货大楼、原长白山商场以北供气,用户约2000 户。10月中旬,因营城至长春间交通断绝,煤斤无来源,煤气公司于 10 月28 日宣告停业。从 11 月 16 日起,仅留员工 20 名,其余 120 余名"均予停薪留职"。[1] 长春解放前夕,煤气厂的厂房盖和地板被拆毁,煤气制造设备除一号水平炉较为完整外,其余均遭破坏。[2]

国民党军进占长春以后,长农、长朝、长珠、吉长、公长、吉九长、长衙等七条公路干线经粗略修整,由吉林省建设厅与商民合办的汽车尚可断续通行。不久,因战局紧迫,即告停运。市内交通主要以电车为主,汽车只修复 2 台,行驶于车站至南关间。有轨电车通行线路 5 条,日平均出车 30 辆。1946 年 7 月拆除自由大路至动物园 1.2 公里线路,9 月 1 日铺设了七马路至东大桥1.8 公里单线。1947 年 6 月拆除宽平大路到抚松路的 2.3 公里线路,9 月铺设了三马路至南关的 2.2 公里线路。同年 10 月下旬,因停电,全线停止运行。后经改装,只有 6 台车靠发电机发电,仅可在上海路至西朝阳路,上海路至自由大路间营运。到 1948 年2 月,因燃料缺乏,亦告停运。[3] 在公共汽车和电车停运的情况下,马车和三轮车成为长春市区的唯一交通工具。据《长春市政概要》[4]于 1947 年 9 月统计,乘用及载货马车共 9250 辆,三轮车1510 辆。长春解放前夕,有轨电车的天线多处被空投粮袋所砸

---

① 1947 年 12 月 15 日《长春市政府工作报告》,吉林省档案馆档案 D92 号卷。

② 当代长春城市建设编辑部:《当代长春城市建设》,1988 年版。

③ 尹桂荣、黄再玉:《长春的有轨电车》,《长春史志》第二期,1989 年 4 月 30 日版,第 47—48 页。

④ 长春市档案馆档案历 23-2-143 号卷。

断,轨道被拆除为构筑工事和碉堡所使用,车库、机器、厂房被拆毁破坏殆尽。

其他诸如供水系统,自 1947 年 11 月 26 日,国民党市政当局决定停止供电后,南岭水厂用柴油机送水,后因柴油紧缺,送水即告停止。国民党军政机关尚靠深井维持,而广大市民只好饮用土井水了。

第四节　严密保甲组织,强令修筑城防

保甲制度是国民党反动派实行法西斯统治的基层政治制度。[①] 1932 年 8 月 1 日,蒋介石在河南、湖北、安徽三省颁布《各县编查保甲户口条例》,其中规定:"保甲之编组以户为单位,户设户长,十户为甲,甲设甲长,十甲为保,保设保长",实行各户互相监视和互相告发的连坐法,以及各项反革命的强迫劳役办法。1934 年 11 月 7 日,国民党政府便正式宣布在它所统治的各省市一律推行这种法西斯统治制度。

1946 年 5 月,国民党军进占长春以后,至同年 8 月 29 日,在 9 个区先后组建 1102 保,8637 甲。[②] 9 月 2 日,国民党长春市市长赵君迈复出以后,以布告的形式将含有敌伪意识的旧有联保名称,均予改正。现将新旧联保名称按原布告移录如下:[③]

---

① 毛泽东:《论联合政府》"诠释"第 4 条,《毛泽东选集》(一卷本),人民出版社,1966 年版,1099 页。

② 长春市档案馆档案历 23-1-17 号卷。

③ 《长春市档案布告》,长社区字第 643 号,长春市档案馆档案历 23-1-29 号卷。

区名	旧联保名	改正联保名
中山区	中国桥联保	中胜联保
	儿玉联保	中山联保
	朝日联保	中宁联保
	二条联保	南广场联保
	日出联保	东广场联保
	富士联保	站前联保
	大和联保	和平联保
	吉野联保	胜利联保
安民区	盛京联保	普民联保
	迪化联保	泽民联保
	黄龙联保	惠民联保
西阳区	菊水联保	崇文联保
宽城区	住吉联保	孟家桥联保
	高砂联保	铁北联保
	城山联保	城边联保
	利国联保	宽中联保
钟华区	五色联保	五权联保
	天宝联保	万宝联保
	同治联保	同志联保
	丰乐联保	建和联保
	樱木联保	清和联保
	南长春联保	春郊联保
和顺区	乐土联保	东郊联保
东荣区	昭荣联保	昌荣联保

据当时国民党市政当局关于《长春市行政区划及主要土地面积调查表》统计,联保数计有 132 个。①

从上述联保名称的变更中,可以明了这样一个事实,即国民党市政当局完全承袭了日伪统治长春时期的保甲制,所不同的只是换了个名称而已。有些日伪时期的保、甲长,又穿上了中山装,重新骑在人民的头上,作威作福。1947 年 8 月,国民党市政当局在 18 个行政区中,经整编共设有 249 个保,8077 个甲。② 区设区公所,内置民教、财建、警保三股。保设保办公处,甲设甲办公处。每区有职员 15 至 21 名,每保职员 2 名,"分别办理地方自治及政府委办事项"。③ 按当时长春市保甲户口统计,不仅提供了各区的保甲数,而且还统计了当时户数及人口数字和应征壮丁数。此统计具有一定的参考价值,现抄录如下:④

长春市保甲户口统计表
民国三十六年八月

区别	保数	甲数	户数	人口数			壮丁数
				男	女	计	
总计	249	8077	135509	353515	280794	634309	154240
中山区	14	622	12009	30867	21882	52749	16121
中正区	42	1335	18254	49461	37395	86856	24512
长春区	31	1530	21314	55182	41846	97028	26917

---

① 长春市档案馆档案历 23-1-17 号卷。
② 长春市档案馆档案历 23-1-17 号卷。
③ 长春市档案馆档案历 23-2-143 号卷。
④ 长春市档案馆档案历 23-2-28 号卷。

(续表)

区别	保数	甲数	户数	人口数			壮丁数
				男	女	计	
钟华区	14	494	7946	18741	15281	34022	8076
和顺区	26	850	22936	55782	45833	101615	21570
宽城区	16	459	5754	14922	11329	26251	7092
东荣区	26	713	12372	28852	23683	52535	13682
东光区	10	272	3837	9456	8044	17500	4056
安民区	6	66	856	1819	1598	3417	953
合隆区	11	421	9478	23535	19074	42609	9744
大屯区	10	174	4047	10326	9207	19533	4279
双德区	9	203	2623	7355	6685	14040	2798
北河东区	7	134	1607	4701	4091	8792	1847
南河东区	4	90	1439	4684	3954	8638	251
净月区	7	159	2578	7547	6577	14124	2842
春阳区	5	183	3301	9509	8998	18507	3189
劝农区	6	315	4479	19171	13972	33143	5501
西阳区	5	57	679	1605	1345	2950	810

　　同年 10 月 10 日,孙桂籍当令之时,根据省府关于县市旗各级组织暂行办法之规定,又将各保冠以地名。如中山区第一保改为东广场保,保办公处设于东五条街。第二保改为珠江保,保办公处设于宁波路四段。第四保改为贵阳保,保办公处设于贵阳街,如此等等。[①] 12 月 15 日,根据户籍法和省府令,按市街区以 30 户为标准,农村区以 15 户为标准,对原有之保、甲进行了全部整编。整编后,保数为 237,甲数为 4981。[②]

---

① 《长春市政府公报》第 3 卷第 15 期,第 157 页,长春市档案馆档案历 23-2-3 号卷。
② 《长春市政府工作报告》,第 26 页,吉林省档案馆档案 D92 号卷。

1948 年 5 月,东北民主联军进逼长春市郊后,国民党军政当局对长春市民采取了更加严酷的统治。为此,长春市政府制定了《严密保甲组织及办理户籍登记纲要》,推行联保连坐法。该《纲要》规定,"同一连坐不得超过十户,各户取俱切结后,依连坐规约之规定互负监视之责,倘发现违约不予告发时,同坐各户与犯案人受同一处分"。①《纲要》中所谓的《联保连坐规约》,就是指"出具联保连坐切结后联保各户居民中"有违反下列六项之一者,即:"一、有开设烟馆或吸食鸦片毒品者;二、有为共匪或与共匪勾结或藏匿共匪侦探工作人员者;三、有为盗匪或与盗匪勾结隐赃物者;四、有破坏公共建筑物者;五、私藏军火不依法登记者;六、有及龄壮丁逃避不服兵役者。"《规约》还规定"联保各户应逐日轮流互相查察",如有发现违约者要立即报告,对"情节重大者"可"径行逮捕"。若隐匿不报,出具联保连坐切结各户"均受连坐处分"。② 其切结书格式抄录如下:③

联保联坐切结书

　　为出具联保连坐切结事,查具结人等皆系本甲良善居民,经相互查察愿相联保,自出切结后相约各遵联保连坐办法,互相劝勉,彼此监察。倘有违反连坐规约规定各事项及有其他非法行为者,具结人依法负检举报告之责

---

① 《长春市政府重要法令计划汇编》第一册,第 11 页,吉林省档案馆档案 D792 号卷。

② 《联保连坐规约》,长春市档案馆档案历 23-3-1 号卷。

③ 长春市档案馆档案历 23-3-41 号卷。

任。如有扶同循隐匿不揭报情事，联保连坐各户甘愿共
受惩罚。特此出具切结。

出具切结人为

长春市　　　　区　保　甲

　　　　联保连坐负责　甲

长　印
户

户长　　　　　　户长　　　　　　户长

户长　　　　　　户长　　　　　　户长

户长　　　　　　户长　　　　　　户长

中华民国　　　　年　月　日

　　长春市国民党军政当局想以此种连坐法实施法西斯式的反
动统治，然而人心向背，憎恨国民党，企盼解放的民众心愿已不可
逆转。统治者深知此等办法只能奏效于一时，而绝不能长久。因
而便抛出狠毒的一招，将市府战工队员及省府干训班毕业学员中
最为反动者，"充任区保指导员"。这些恶棍到任后，即分甲召集
各户，"户长不到者押办"，"到后一一对保，无人敢保者"，"集体押
送出境"。同时在各甲中密设情报网，进行密告和暗中监视。并
被当局授予可"随时指挥警察拘捕奸宄"和对"拒捕图逃者，准予
格杀勿论"的特权。① 尽管国民党长春市当局施以如此严酷的手
段，也挽救不了必然失败的命运。别说是"拘捕""格杀勿论"吓唬

---

① 国民党长春市政府《签呈》，长民秘字第 2219 号，长春市档案馆档案历 23-3-21
号卷。

不住百姓,就连国民党士兵及其军政要员投奔解放区者也与日俱增,这是历史的必然。

保甲是国民党市政当局最基层的组织,一切诸如征丁拉夫,摊捐派款,推行反动政令,均通过这一组织强制予以实施。1946年8月2日,当局召集各区、保、甲长举行"长春市兵役会议",即令全市住户于"十日内不准滥自迁移"。同时还宣布,征兵年龄从21岁至23岁,"虽回教信徒,亦在被征之列"。① 1947年7月,正当东北民主联军开始战略反攻,并取得夏季攻势胜利之际,长春市国民党军政当局为重点防御固守长春,便大肆在市内和城郊征丁拉夫,修筑城防,使长春市民惶惶然不可终日。同年8月,在拥有63万余人口的长春市,当局就计划抓丁154240人之多。其中各区配额指标如下:②

中山区	16121	合隆区	9744
中正区	24512	大屯区	4279
长春区	26917	双德区	2798
钟华区	8076	北河东区	1847
和顺区	21570	南河东区	251
宽城区	7092	净月区	2842
东荣区	13682	春阳区	3189
东光区	4056	劝农区	5501
安民区	953	西阳区	810
总计	154240		

---

① 《东北日报》,1946年8月9日,第1版。
② 长春市档案馆档案历23-2-28号卷。

按当时长春市人口计算,平均每 4.8 人就有 1 人被抓去当兵。是年 11 月初,当局奉长春团管区电令,冬季紧急征兵 7000 人,广大青年纷纷藏匿躲避,结果只抓到 1660 名。1948 年 5 月,当东北民主联军兵临城下之际,国民党军政当局更加疯狂地扩充志愿兵团。被抓壮丁老幼不等,"年逾花甲者有之,未届弱冠者有之",就是身为保、甲长者也不放过。据长春市和顺区公所致长春团管区司令的公函云:"团管区于月之九日[①],点编志愿兵团之际,因兵员缺额,商用本保甲长民夫二十余名临时充数,点编完毕即可遣归。不料竟将该民等拨交五二师第二团,迄未放还,家中老幼嗷嗷待哺,泣请保长转请释放。"[②]

长春市国民党军政当局除强征壮丁外,凡"自十八岁至四十五岁,除公教人员、学生及残废者外,均编为自卫队员,分期训练"。这里所说的自卫队,是指 1947 年 7 月所组编的民众自卫队。市政府设总队部,区设大队部,每数保设保中队部,由保长兼任中队长。当局规定,每个队员须经 3 个月的训练,每日训练不得少于 3 小时,其民众自卫队的任务是:构筑城防工事;清扫机场积雪;夜间巡查等。[③] 据市政当局公报提供的有关统计,1947 年 5、6 月份,构筑城壕出工的民夫累计达 754449 人。9 月中旬,东北民主联军发起了强大的秋季攻势,历时 50 天,共歼敌 6.9 万余人,收复和一度占领了城镇 75 座,其中有九台、农安、德惠等地,

---

① 即 5 月 9 日。

② 长春市和顺区公所公函,长和民字第 38 号,1948 年 5 月 19 日。长春市档案馆档案历 23-3-82 号卷。

③ 吉林省档案馆档案 92 号卷。

迫使国民党军龟缩在锦州、沈阳、四平、长春、吉林等城市。长春市国民党守军面对国民党在整个东北战局的失利,更加疯狂地驱赶市民修固城防。从 9 月 19 日起至 11 月底共动用民工 35 万人之多。现将当局有关统计抄录如下:[①]

工作种别	共出民工种
修补外壕	328617 名
修改碉堡外围地形	4515 名
机场扫雪	4395 名
临时协助驻军	15110 名
总计	352637 名

为强制市民修固城防,长春市国民党军政当局制定了《加强补壕工作修正民夫奖惩办法》。对"一日不到者,罚款二千元,并须补工";若"保甲长隐匿不报","该保甲长应受连坐处分";凡属"故意违抗",则"由警察局依法处理"。在国民党当局的威逼之下,长春市民苦不堪言。

第五节　推行战时文化教育,出版反共刊物

国民党军进占长春以后,中小学教育的布局仍维持日伪统治时期的原状。1946 年 7 月 27 日,国民党长春市市长赵君迈复出以后,市管教育系统官员与各校之校长始配齐。时市教育局局长佟贵廷任,长春市立第一中学校长王时庸,第二中学校长丁慕南,

---

① 《长春市政府公报》第 3 卷第 25 期,第 241 页,吉林省档案馆档案 D92 号卷。

第三中学校长尹尚莘,第一女中校长谢润普,第二女中校长牟大毓,师范学校校长高鹤龄,市立工科职校校长陈炳。[1] 1947 年 6 月,杨熙靖任市教育局局长时,对部分中学及师范的校长进行了调整,丁慕南任长春市立第一中学校长,孙经灏任二中校长,李光裕任女中校长,邓芝茹任师范学校校长。[2] 1947 年 10 月初,长春市政府孙桂籍当令时,任李辉英为市教育局局长,市立中学及师范校长依旧。1948 年 3 月,尚传道出任长春市市长时,任佟贵廷为教育局局长。由于时局紧张,市民逃亡,学生锐减,当局对学校采取收缩合并,故将一中、二中合并改为市立高级中学,陈炳任校长,王国贤任初级中学校长,赵利民任女中校长,王素梅任市立高级护士助产学校校长。[3]

国民党统治时期的中学编制是:校长之下设总务处、教务处、训导处。训导主任多由国民党分子担任。各学校的军事教官,均由军队选派。当时学校所用教科书,均由国民党政府教育部统编发行。因东北战局所致,教科书纸版由内地空运长春,再付印刷,然后发往各校使用。

长春市国民党当局接管中小学后,教育事业曾一度有所发展。这主要表现在:一、改定学制。恢复小学为六年制,中学为三三制。师范学校招收初中毕业生,学制三年。将学年改为秋季始业。二、扩充学校。当局为尽量收容失学儿童,饬各小学添设两

---

① 长春市档案馆档案历 23-1-23 号卷。
② 长春市档案馆档案历 23-2-30 号卷。
③ 长春市档案馆档案历 23-2-23 号卷。

部,共增 142 学级,增加学生 10124 名。三、取缔私塾。对于偏远地区,因环境需要,仍保留 9 校,学生总数为 398 名。四、增设保民学校。据当局于 1946 年 8 月底统计,全市失学适龄儿童计 6827 名,尤以钟华、安民、中山各区至为严重。经当局以资救济,增设保民学校 12 所,可容纳学生 2635 名。五、整顿私立学校。长春各私立学校多不合规章,又因经费不足难以为继。经当局批准,兴华、东北、广育等校相继停办。原有学生 1100 名,已分别安插于市立中学肄业。① 现将长春市公私立中小学校统计表抄录如下:②

学校别		中等学校			国民学校				总计			
		公立	私立	计	公立	保立	私立	计	公立	保立	私立	计
校数	光复前	6	4	10	32	0	9	41	38	0	13	51
	现在	7	5	12	32	12	9	53	39	12	14	65
	增	1	1	2	0	12	0	12	1	12	1	14
学级数	光复前	77	22	99	594	0	46	640	671	0	68	739
	现在	125	25	150	636	43	52	731	761	43	77	881
	增	48	3	51	42	43	6	91	90	43	9	142
学生数	光复前	3949	1250	5199	26836	0	1817	28653	30785	0	3067	33852
	现在	6883	1427	8310	31113	2635	1978	35726	37996	2635	3405	44036
	增	2934	177	3111	4277	2635	161	7073	7211	2635	338	10184
教师数	光复前	134	93	227	876	0	48	924	1010	0	141	1151
	现在	203	55	258	923	52	58	1033	1126	52	113	1291
	增	69	−38	31	47	52	10	109	116	52	−28	140

① 《教育局工作报告》(1946 年 7 月),长春市档案馆档案历 23-3-34 号卷。
② 《教育局工作报告》(1946 年 7 月),长春市档案馆档案历 23-3-34 号卷。

　　除上述中小学校以外,还有民众教育馆 1 所,职业补习学校
22 所,聋哑盲学校 2 所,美术研究社及国术馆各 1 所。

　　据国民党长春市政府公报于 1947 年 1 月公布的关于《长春
市人口教育程度统计表》统计:当时长春市人口计 611186 人,其
中受高等教育者 4195 人,受中等教育者 35471 人,受初等教育者
111093 人,私塾 12792 人,识字 19086 人,不识字者 428549 人。[①]
从上述统计中可以看出,受过初等以上教育者计 150759 人,仅占
总人口的 24.7%,而不识字者却占 70.1%,面对如此众多的文盲,
国民党长春市教育当局虽然增设学校 14 所,但仍有大量适龄学
童不能入学。由于教育经费"异常艰窘",以致教职员薪俸亦不按
月发放。教育当局不得不承认:"在此种经济困难之情形下,各种
工作未能令人满意,实属无庸讳言。"[②]

　　除市立中小学外,由省教育厅管辖的中学有:省立一中、省立
二中、省立高中、省立女中和松北联立中学。松北联立中学成立
于 1946 年 10 月,拥有学生 5000 多名,由校本部和 4 个分校组
成。1948 年 1、2 月间,长春市国民党军事当局企图把松北联立中
学学生编成部队,激起联中学生的义愤。他们举行示威游行,呼
口号、贴标语,大反李鸿。同年 2 月松北联立中学解散,移交给长
春市,改名为青年中学。

　　当时较有名望的小学有:大经路小学、正光小学、永昌路小

[①] 《长春市政府公报》第 2 卷第 3 期,第 48 页,吉林省档案馆档案 D792 号卷。
[②] 《教育局工作报告》,长春市档案馆档案历 23-3-34 号卷。

学、一匡街小学、东盛路小学、南关小学、自强街小学等。[①]

1946年3月,国民党政府教育部委派臧启芳为"接收"东北教育特派员。当时国民党政府行政院决定在东北成立5所高等院校,即国立东北大学(校址沈阳)、国立沈阳医学院、国立长春大学、国立长白师范学院(校址吉林市)、国立滨江大学(校址哈尔滨市)。国立长春大学成立于1946年10月20日,校址位于今东北师大医院旧址。

长大的行政编制是:校长下设总务处、教务处、训导处、秘书室和会计室。第一任校长黄如今,1947年冬飞离长春后,由教务长张德馨代行校长职务。1948年4月,国民党南京行政院任命罗云平为长大校长。

长大共设有6个学院,即文学院、法学院、农学院、理学院、工学院和医学院,1个专修科:书记官专修科。全校计有25个系。有学生2863名。[②]

1948年9月,长大师生绝大部分,约1200多人离开长春投奔解放区,部分去了沈阳,也有自行回家的。从此,长春大学人去楼空,已不复存在。国民党统治长春时期,除长春大学外,还有私立松江大学、中国红十字会立东北医学院等。[③]

国民党统治长春时期,认为这里是伪满的"首都",市民"太奴化了!",因而录用师资和大学生时,都必须经过严格的甄审。对

---

① 徐一夫:《国民党时期的长春市中小学》,《长春文史资料》第一辑,1986年版,第89页。

② 周克让:《回忆长春大学》,《吉林文史资料》第18辑,第89页。

③ 长春市档案馆档案历20-1-415号卷。

应届大学毕业生寻求工作者,长春市府"为防止奸党份子渗入政府各部门潜伏工作起见",曾制订三项办法"密饬所属机关遵照"执行。① 对于中小学师资的"检定",则"限期登记","严予考核"。"使优良者获得保障,滥竽者加以取缔",②这实际上是对中小学教师在政治上进行一次大规模的清洗。1946 年暑期,由市教育局局长主持成立了"长春市中小学教师暑期讲习班",历时 20 多天。每天都由国民党军政要员上课,如省秘书长讲国民党史,郑洞国、廖耀湘等讲抗战史。而且每人都要填写临时入党申请书,并于毕业式结束后,举行集体入党宣誓大会。③ 此举虽属临时入党,由当局强制所为,但广大中小学教师心中怨愤,敢怒而不敢言。一些教师拒不交出申请书,以此蔑视当局的卑劣行径。为了在青年中培养所谓"戡乱救国"的新生力量,国民党教育当局于1946 年 11 月下旬,又召开了长春市中学生"三青团"入团宣誓大会,凡是到会的学生都要举行宣誓。

　　1947 年 5 月,东北民主联军接连发动了夏、秋、冬三次强大攻势。长春国民党军政当局为固守长春,便强制各校师生参加修筑城防工事,慰问伤兵,协助警察清查户口等。对年龄为 6 岁至 12 岁之儿童,一律编组成"儿童队";年龄为 13 岁至 17 岁之少年,一律编组成"少年队";年龄为 18 岁至 45 岁之男子一律编组成"自

---

① 长春市档案馆档案历 20-3-2 号卷。
② 《教育局工作报告》,长春市档案馆档案历 23-3-34 号卷。
③ 徐一夫:《国民党时期的长春市中小学》,《长春文史资料》第一辑,1986 年版,第89 页。

卫队"。① 在《长春市民众编组办法》第六条中规定:儿童队之中大队长,以住在该管区内之小学校长或教育员充任之。少年队之中大队长,以住在该管区内之中学校长或教育员充任之。每个成员必须佩戴由市政府统一制发的符号,否则一律禁止通行。② 从此,长春市中小学教育,便完全纳入了战时轨道。为强化战时教育体制,长春市政府教育局局长佟贵廷签发了长教一字第3048号训令,向各校转发了长春私立萃文女子中学校长史延书的呈函《戡乱宣传办法》。该《宣传办法》内容是:"一、本校在开学期间,每周第一日朝会时,由本校同人轮流演讲现在毛匪残暴行为及欺骗青年事实。二、本校在假期令学生向其亲戚邻里宣传,作成日记定为假期作业。三、令学生在相当场所,编贴戡乱壁报。"③

面对国民党当局的欺骗宣传及其战时教育政策,长春市中小学教师以当局拖欠工资为名,暴发了大规模的罢教运动。各校学生也纷纷响应,掀起了罢课、罢考斗争。

国民党统治长春时期,其文化事业概况如下:一、图书出版业有30余个单位。如吉林省立长春图书馆、东北经济委员会图书馆、吉林省图书馆长春分馆、民众教育馆、中华书局、商务印书馆、中正书局长春分局、知行书局、益智书局、大隆书局、福昌书局、东方出版社、吉林新闻摄影社、吉林省印刷厂等。二、影剧院业有40余个单位。如艺光影院、上海影院、中国电影院、大安电影院、

---

① 《长春市民众编组办法》,长春市档案馆档案历23-3-70号卷。
② 长春市档案馆档案历23-3-70号卷。
③ 长春市档案馆档案历84-3-4号卷。

长安电影院、大光明电影院、国泰电影院、中山纪念堂、长江电影院、新新大戏院、新民戏院、龙春大戏院、兰鹰剧团、善文剧团、中山合唱团、长春制片厂、京城戏院等。三、体育游乐业有 10 余处。如高尔夫球场、赛马场、南岭总运动场、中山运动场、中正游泳池、中山游泳池、中山公园、中正公园、白山公园、牡丹公园、民权公园、南郊公园、和顺公园等。四、广播通讯社有 12 个单位。如长春广播电台、长春第二广播电台、夜雨广播电台、知音广播电台、东北通讯社长春分社、中央通讯社长春分社、西北通讯社、远东通讯社、军闻社、中正社等。①

在上述文化事业单位中,有一部分系由国民党军政党团所主办或经营。如军队或与军队合办的有:国泰电影院、新民戏院、新新大戏院、鹰扬剧校、兰鹰剧团、毅刚剧团等。由政府主办的有:长春市贫民教育馆、中山纪念堂、善文剧团、军民联谊等。由国民党党部和三青团主办的有:知行书局、正文社、平安影院、青年会馆、中山合唱团、青年馆等。②

国民党军政当局为实施战时体制,于 1948 年 3 月 16 日决定组织战时工作总队,并制定了《长春市政府战时体制实施办法》《长春市战时工作总队业务纲领》及《督察规则》三种。③ 在《长春市战时工作总队业务纲领》中,明确规定总队必须以“参与”等方式,对文化部门进行“指导”,并在所谓“以军事掩护政治,以政治

---

① 长春市档案馆档案历 20-1-415 号卷。
② 长春市档案馆档案历 20-1-415 号卷。
③ 《长春市政府公函》,长秘一字第 185 号,长春市档案馆档案历 23-3-38 号卷。

巩固军事之原则"下,强制文化部门必须运用各种方法,如壁报、童谣、山歌,利用民间娱乐集会,利用算命,测字看相,说书卖唱等方式,"宣扬政府法令","报道匪军祸国之史实","扩大行宪宣传"。该总队还负有"调查并破坏匪方文化及情报机关"之责任。① 从此,长春市国民党军政当局将各文化事业单位纳入了战时轨道。

关于长春市的医疗卫生情况,据有关资料于 1946 年统计:市立医院有 7 所,公私立医院 22 所,其他无收容力医院 74 所,拥有病床 1962 张,医师 271 人。所用卫生材料,因脱脂棉市场无货,仅少数粗制品纱布代替。到 1947 年,私立医院和诊所增长迅速,当时有医院 145 所,齿科医院 13 所,中医诊疗所 329 所,中药商 168 个,西药商 46 个。有的虽挂牌某某医院,而医师仅有 1 人。市立医院仅剩 2 所,即市立第二医院和传染病医院。

1948 年 3 月 8 日,国民党第六十军由吉林撤往长春。9 日,东北人民解放军解放吉林,长春已成为"陆上孤岛"。② 国民党军政当局以"缺乏伤患官兵治疗处所"为由,将长春市立第二医院于 3 月 15 日"借与"六十军,作为野战医院之用;将长春市立第二医院分院于 3 月 20 日"借与"新七军三十八师"充作野战医院收容伤病战士之用"。③ 尽管长春市市长尚传道在与军方"洽订之合同"书中明文规定:"保留门诊部仍为市民诊治疾病",但市民又何

---

① 长春市档案馆档案历 23-3-38 号卷。

② 1948 年 1 月 1 日,奉中共中央军委命令,东北民主联军改称东北人民解放军。

③ 尚传道:《为市立第二医院分院及本院等病房借与新七军三十八师及六十军之军医院使用请予追认案》,长春市档案馆档案历 23-3-32 号卷。

敢到此求医呢？偌大的长春市，仅有一家市立医院也为军队所霸占，这就是国民党军政当局"杀民养军"政策的结果。

国民党统治长春时期，国民党军政党团要员为大造舆论，扩大其势力范围及影响，出版了种类繁多的反共报刊与黄色小报。据有关资料统计，各种报纸达 40 余种之多，刊物有近 30 种，其中较有影响、发行量较大的报纸计有 8 家。

《中央日报》：该报为国民党机关报，由中央日报社长春分社出版发行。原社长系军统长春分部负责人、伪国大代表刘博昆。继由吉林省党部主任委员李锡恩接任。编辑人员由伪满《盛京时报》《大同报》《大北新报》人员所组成。社址：中山大街（原斯大林大街）44 号。

《长春日报》：该报创刊于 1946 年 4 月，是国民党、三青团与督察处合办的报纸，后因经费不足，于 1947 年年底停刊。1948 年 3 月，尚传道出任市长时，重新出刊，该报已成为长春市政府机关报。尚传道决定自 7 月 4 日起，在《长春日报》"按周辟栏登载'长春市政周刊'"，以"宣达"本府"政策政令"，并要求附属机关"应一律订阅，视为正式公文处理，并归档保管"，①由是发行量猛增。社长：国民党吉林省参议员金鸿润。1948 年 7 月停刊。社址：中山大街（原斯大林大街）3 号。

《前进报》：1946 年 5 月 23 日，国民党新六军进占长春以后，由新六军军长廖耀湘出资筹办。同年 8 月，新六军调离长春，又因经费紧缺，曾一度停刊，并与《湘潮报》共同出联合版。社长：湖

---

① 《长春市政府训令》，长春市档案馆档案历 23-3-62 号卷。

南《大公报》记者钟中。社址：中山大街 41 号。

《新生报》：由东北保安司令长官部支持创办。有工人 200 多人，销量达六七千份，是仅次于《中央日报》的大型报纸。社长：史问津。社址：上海路 17 号。

《中正日报》：由梁华盛私家经营，创刊于 1947 年春。发行量最多时达 1 万份，其印刷设备仅次于《中央日报》和《新生报》。社长：王侯翔，曾任吉林省保安司令部参谋长。社址：胜利大街38 号。

《工商报》：是苏军管制长春期间由长春市市长曹肇元的秘书侯廷柏到工商界集资筹办的。创刊于 1946 年 9 月。曾因经费不足，两度停刊。由于工商界的支持，得以维持。以后参加"联合版"出刊。该报主要反映地方及国内外经济动态、工业状况等，文艺方面侧重工商趣味。评论有《经济评坛》《老实话》《逆耳谈》《揭示报》《忠言》等专栏。社长：侯廷柏。社址：中山大街 24 号。

《华声报》：由新一军五十师师长潘玉昆于 1946 年驻防长春后所创办。翌年 4 月停刊，后于 1948 年 6 月复刊。有工人五六十人。社长：新一军五十师政治部副主任杨任翔。社址：长春市重庆路。

《新报》：是青年军二〇七师办的报纸，创刊于 1946 年 12 月。长春被围后，归"联合版"出版。社长：李光瑶。社址：上海路105 号。①

---

① 上述八家报纸情况，均摘引自《长春报业史料》，长春市档案馆档案历 20-1-819号卷。

　　除上述八家报纸以外,还有《中报》《联合版》《今天晚报》《公正报》《醒世报》《力行日报》《论坛报》《大陆晚报》《力报》《长春午报》《中山报》《松花江晚报》《湘潮日报》《东北民报》《中华报》《国民公报》《大东报》《大华日报》《忠勇日报》《新声晚报》《正气日报》《民间日报》《东方报》《热潮报》《今日东北》《民报》《北辰报》《斯民报》《东北导报》《长白晚报》等。① 在上述报纸中,只挂牌而未出版者有《大东报》《正气日报》等。《正气日报》是蒋经国派人在长春筹办的,该报社成立于1946年9月。社长是蒋经国的留苏同学高理文。1947年10月,长春市市长赵君迈调离长春时,将正气日报社委托时任市府社会局局长孙亚明(中共地下党员)代管,孙亚明又任刘育新(1948年3月1日,加入中国共产党)为该报社印刷厂厂长。从此,该报社便成为中共掩护条件较好的一个活动基地。②

　　国民党统治长春时期,发行的刊物有:《国民公论》、《今日东北》、《国民文学》、《大风》、《关外诗歌》、《新世纪》、《经济周刊》、《边疆月刊》、《东北风》、《东北科学》、《黑水》(国民党黑龙江省党部主办)、《嫩流》(国民党嫩江省党部主办)、《新运导报》(新生活运动委员会主办)、《鹰扬画报》(新一军新闻室主办)、《忠勇月刊》等。③《忠勇月刊》系由国民党吉林省政府主席梁华盛主办。其《月刊》内容皆以吹捧梁华盛和污蔑中共为能事。如第二卷第二、

---

　　① 《长春市概况(1945—1948)》,长春市档案馆档案历20-1-415号卷。

　　② 孙亚明:《我以国民党接收人员身份在长春开展地下党工作的情况》,《长春史志》第五期,1988年10月30日版,第1—11页。

　　③ 长春市档案馆档案历20-1-415号卷。

三期"分崩离析的中共",第四期"由宣传战谈到中共",第五期"共
匪春季攻势纵横观"等。尚传道还曾于《忠勇月刊》1947年"新年
号"上题词,大肆宣传"我们大家要以本刊提倡的忠勇精神努力向
前迈进","要拯救被压迫的同胞",等等。① 上述报刊多为国民党
的舆论喉舌,随着时局紧迫与国民党的分崩离析,也就自然退出
了历史舞台。

第六节　实行白色恐怖,屠杀革命志士

为了镇压革命者和长春人民的反蒋斗争,国民党在长春建立
了长春警备司令部督察处、保密局长春站、保密局东北特技组、中
统局松北工作队、国防部二厅长春站、中统局长春区等40多个特
务组织。1948年4月,长春国民党军政当局预感到末日的来临,
为统一行动,实行残酷的镇压,维持其反动统治,经郑洞国批准,
专门成立了长春党政军特种联合会报秘书处,简称"特秘处"。
"特秘处"是长春最高的特务组织,是各种特务联合办公的衙门。
解放前的长春,已经成了特务机关的大本营。在形形色色的特务
机构中,长春警备司令部督察处的活动是"恶不忍闻,罪不容
诛"②。督察处已成为"特秘处"的化身,是杀人的魔窟,他们以
"通共""通匪""隐匿不报"或"图谋不轨"等莫须有罪名,大肆拘捕
杀戮。很多共产党人、革命志士、进步青年及无辜群众,惨遭

---

① 吉林省档案馆档案 D933 号卷。
② 《汉书·王莽传下》。

杀害。

国民党长春督察处由陈诚批准,文强(保密局沈阳督导室中将负责人)委任其秘书崔志光组建,并于 1946 年 9 月 25 日在原日本驻伪满总领事馆旧址(原上海路 30 号,今吉林省政协址)正式办公。督察处对外由第一兵团司令部、长春警备司令部领导,对内则由保密局东北工作沈阳督导室和长春站操纵,又称"保密局长春督察处"。这个组织表面上是维护长春的社会治安,实际上握有生杀大权,是刺探情报,镇压革命人民的罪恶机关。督察处首任处长是崔志光,次为安震东、张国卿,下设:督察室、秘书室、侦审室、第一科和第二科。侦审室对案犯施以"金、木、水、火、土"酷刑,而处决"人犯"则由督察室负责。长春督察处从它成立伊始,便成为长春的"白公馆"和"渣滓洞",对长春人民犯下了滔天罪行。

对中共代表进行特务活动　1946 年 3 月 27 日,周恩来、张治中、吉伦军事三人小组在怡园签订关于《调处东北停战的协议》。6 月中旬,东北执行停战小组第 27 小组中共代表伍修权将军、国民党代表蔡宗濂将军、美方代表泰勒将军由沈阳移驻长春,并成立"北平军事调处执行部长春分部"。停战小组在长春调处期间,督察处受命于国防部二厅郑介民的指令,表面上负责中共代表的安全,实际上是进行暗中监视和特务活动,这个警卫组分内、外勤两个班。内勤班以茶房、杂役身份在中共代表住处窃听言谈,收集只字片纸,每日呈报。外勤班伪装商贩,隐藏于中共代表的住处第二招待所对面的老长记鞋店里,待中共代表一出门便尾随其后,进行跟踪和监视,它对国民党发动内战,起到了推波助澜的作用。[①]

东北通讯社事件 1947 年 10 月,东北通讯社长春分社社长富春雨从事党的地下工作,该社为探取"长春市城防工事委员会"绘制的城防工事图被暴露,于是督察处处长安震东先后指挥抓捕富春雨、袁学群等 20 余人。1948 年 6 月 3 日晚,在督察处处长张国卿、督察长关梦龄的指挥下,将袁学群等人及其他"政治犯"杀害于南岭。行刑时,袁学群等被反绑双手,黑布蒙眼,棉絮塞嘴,由特务用日本战刀砍断喉颈扔入坑中埋掉。[②]

逮捕经济大药房经理于经五 1948 年 2 月,时任中统局长春区特务的李寿田(中共地工人员),被国民党情报科科长怀疑有私通八路的嫌疑,而受到指控。在威胁利诱下,供出地工小组负责人李真凡(时任吉林师管区司令部军法处中校主任),活动地点经济大药房,经理于经五,小组成员刘文成、冷志忠等人。5 月 28日,中统局长春区和督察处派特务搜捕经济大药房于经五等 10多人。后分别被杀害于南岭和督察处院内。[③]

搜捕长春大学 1946 年 10 月长大成立以后,在关内各大学反饥饿、反内战、反迫害的斗争高潮影响下,长大校园内反内战、争取和平的呼声也日益高涨。面对国民党的黑暗统治,长大进步学生以书写壁报、标语和散发传单的形式,表达了学生们的爱国

---

① 《长春文史资料》一九八七年第一辑,第 21 页。又见臧家声:《长春市人民公安史长编(1945.8—1949.9)》,1989 年版,第 29 页。

② 《长春文史资料》一九八七年第一辑,第 25 页。

③ 邹世魁:《国民党长春督察处罪行访查记》,《吉林文史资料》第 14 辑,第 161 页。

之心和对国民党当局的义愤。学生们的正义之举,触怒了国民党当局。1948年3月,六十军撤守长春后,形势日趋紧张,长大校园内多次出现《告长春市民书》《告机关职员书》等传单,于是督察处决定搜捕、清洗长大。督察处"长大"学运组组长郝铮绘制了长大宿舍图和拟逮捕进步学生的黑名单,妄图将中共长大地工组织成员一网打尽。

4月24日凌晨,新七军一个营和宪兵队荷枪实弹首先包围了长大,督察处的特务们蜂拥而入,逐屋搜人。他们翻箱倒柜,搜查书信,稍有可疑,便肆意捕人。一个特务查到一位同学有一本苏联小说《钢铁是怎样炼成的》,这个特务竟大声斥责说:"现在是戡乱建国时期,你们还要炼钢铁,想干什么?"于是将这位同学抓走。[①] 这次大逮捕共抓走近百人之多,后经总务长孙亚明、代理校长张德馨多方营救,据理力争,大部分学生因证据不足陆续被释放。中共地工人员因事先得到情报,而幸免于难。

对富源长制米厂的大逮捕 1948年5月,中共地工人员李国栋与高博儒等办了富源长制米厂,并以此厂为掩护,开展革命工作。6月3日,督察处的特务们将米厂封锁,把李国栋和高博儒逮捕,二人后被杀害于清华路一个土岗附近。

杀害无辜青少年 1947年秋,一个15岁的少年刘学亨,因父母双亡,沿街乞讨,拣到几粒黄豆被特务搜出,硬被说成是联络八路的"暗号"而被抓到督察处。经严刑拷打后,在长春解放前夕被杀害于督察处后院假山下。又一卖报青年为招揽买主,因叫卖:

---

① 《吉林文史资料》第14辑,第152页。

"看报！看报！今天的好消息，八路军攻下德惠城！"而被特务抓捕杀害。[①]

垂死前的疯狂屠杀　1948年10月，在长春解放前夕，督察处的特务们自知灭亡在即，法网难逃，于是进行了垂死前的疯狂大屠杀。10月18日拂晓，在督察处处长张国卿的指令下，将关押在督察处的48人"全部用铁丝捆绑双手，黑布蒙眼，棉花堵嘴，提到督察处后院的大坑边，把犯人头朝坑里按倒，然后用刀砍脖颈，身首两段后推入坑内掩埋"。[②] 据有关材料统计，在国民党统治长春时期，督察处经办大小案件数千件，拘捕千余人。长春解放后，人民政府从督察处后院的假山附近、南岭的荒地中和白山公园附近挖掘出尸体近200具。[③] 仅经督察长关梦龄亲手杀害的"人犯"就有5次计46人。这些穷凶极恶的特务们在困守长春期间，杀戮遍野，血溅荒城，罪孽深重，罄竹难书。

---

①《吉林文史资料》第14辑，第155页。

②臧家声：《长春市人民公安史长编(1945.8—1949.9)》，1989年版，第34页。

③《长春文史资料》一九八七年第一辑，第17页。

第五章　久困长围与固守待援

第一节　围困前的态势与六十军撤守长春

　　1946 年 5 月,国民党进占长春,其势力所及已是东北的半壁江山。但是,由于战线过长,兵力分散,又被东北民主联军消灭了三个师,因而急需喘息。蒋介石在世界舆论和全国人民反对内战要求和平的压力下,提出了从 6 月 6 日起,停战半个月。东北民主联军从山海关到松花江,虽然阻滞了国民党军的猖狂进攻,但因为没有根据地和巩固的后方,因而面对装备精良和训练有素的国民党军,只好且战且退。为创建根据地,补充和整顿队伍,中共也同意停战。当东北停战之际,国民党军又把战火烧到了关内。从 7 月 12 日起,国民党 50 万军队向苏皖解放区大举进攻;8 月28 日,又调集 30 万兵力进攻冀鲁豫解放区。由于关内多处大打,国民党无暇东顾,因而东北战场出现了 4 个多月的停战状态。

　　1946 年 7 月上旬,中共在哈尔滨召开了东北局扩大会议。7 月 7 日,通过了《东北的形势和任务》的决议,号召共产党员走出城市,丢掉汽车,脱下皮鞋,换上农民衣服,不分文武,不分男女,不分资格,一切可能下乡的干部要统统到农村去发动群众,消除匪患,实行土地改革,建设与巩固革命根据地。据统计,仅7、8月间,北满、西满、东满各地下乡干部达12000多人,使东北广大农村的土改运动如暴风骤雨,蓬勃兴起。到1947年5月,东满地区有60万农民分得了20余万公顷土地。1947年10月10日《中国土地法大纲》颁布以后,仅榆树县就有41万贫苦农民分得了土地和房屋,基本实现了"耕者有其田"。为了清除匪患,东满东北民主联军剿匪部队采取"搜剿、穷追、合击、驻剿"等战术,展开了对流窜各地土匪的全面围剿。曹里怀率领吉林军区独立支队,在榆树县消灭土匪1500人,后又转战德惠、农安、乾安、扶余等地,历时4个月,消灭土匪5500余人,从而巩固了根据地的建设。①清剿土匪和土改运动的伟大胜利,极大地调动了广大农民参军参战和发展生产,支援解放战争的革命积极性。到1947年5月,东北民主联军主力已达462000多人,比1946年11月前增加兵力10余万人,仅东满就补充主力近万人,还另成立了两个独立师。这些在土改斗争中成长起来的新战士,为保卫家乡,保卫胜利果实,与国民党军浴血奋战,成为人民武装力量中的生力军。从此,东北民主联军有了根据地的依托,有了兵源、粮源和财源,成为一支战无不胜的人民军队。

1946年9月,国民党军队进占热河解放区大部地区后,采取了"南攻北守,先南后北"的战略方针,集中兵力向南满解放区根据地临江等地发起进攻,妄图一举进占南满,然后全力北犯,独霸

①　严启祥:《东北解放战争时期的剿匪斗争》,《吉林省革命博物馆文集》第一辑,1985年版,第93页。

全东北。从 1946 年 12 月 27 日至 1947 年 3 月 27 日,国民党纠集重兵四次进犯临江地区。面对十分危机的南满局势,中共中央东北局制定了"坚持南满,巩固北满","南打北拉,北打南拉"的战略方针。为了配合南满作战,北满东北民主联军分别于 1947 年 1 月 5 日、2 月 21 日和 3 月 8 日,三次飞渡松花江,攻克其塔木,奔袭城子街,激战靠山屯,包围农安城,取得了三下江南作战的巨大胜利。"四保临江"和"三下江南"战役历时 4 个月,歼敌 4 万余人,收复城市 11 座,保卫了南满根据地,巩固了北满根据地,为东北解放战争的胜利开创了新局面。

　1947 年 2 月 23 日,北满东北民主联军在二下江南作战中,首先取得了九台县城子街战斗的胜利,随即解放九台,逼近长春。3 月 1 日上午 8 时半,东北民主联军第一纵队三师九团二营夺取了九台、长春间的重镇卡伦。该团随即派二营第五连副连长马如起率第三排战士,向长春方向搜索前进。当前进至祁家窝棚(卡伦镇西南 8 里)时,与国民党新一军三十八师遭遇,马如起率部撤至卡伦镇西南 3 里处河溪堡,构筑工事,准备迎击。不久,即发现一辆涂有青天白日星徽的吉普车由敌方占领的李家店东北向阵地驶来,行至阵前 200 米处停下,下来两个美国军官和一个国民党军官。其中一名美国军官用望远镜进行侦察,另一名美国军官则进行拍照。此时,三排战士命其停止前进,国民党军官见事不好,迅即开车逃跑。三排战士则开火阻截,国民党军亦从李家店方向开火还击,伤三排班长一人。两名美国人见此情景惊魂落魄,扔掉望远镜和照相机拼命追赶吉普车,边跑边喊:"喂,停下!"

马如起连长随即率部勇猛追击,战士李凤国高声喝令:"站住!缴枪不杀,优待俘虏!"两名美国人可能听懂了这句话的意思,于是举起双手当了俘虏。美国军官携带的短枪、望远镜和照相机,也成了民主联军的胜利品,此时正是中午 12 点。这就是东北战场上轰动一时,在毛泽东所写的《别了,司徒雷登》一文中所说的"在长春附近的九台事件"。①

这两个美国人,一个是美国骑兵少校芮格(尼格)、一个是美国步兵上尉柯林士(柯林)。两个美国军官均系美国驻华大使馆助理武官。他们的任务,就是到内战前线进行所谓"军事观察"。据芮格供认,他出发前曾致电美国驻南京大使馆:"我明天将去前线,以便对情况作一判断。"他们"经常往来于国民党区域,自由搜集情报",国民党军事机关允许他们自由进出前线。他们承认,了解中国的军事力量,是他们的责任。他们要"把看到的东西报告给华盛顿"。芮格还供述:"美国为了解东北情况,不仅派有领事及武官从国民党军方面取得情报,并设有所谓'国外调查团'的情报组织……这是属于国务院的一个组织,其中人员一半文职,一半武职。"②上述美国军官的供词,完全可以证明,美蒋勾结"接收"东北的阴谋已昭然若揭。

美国驻华大使馆武官公然在东北战场上刺探情报,援助蒋介石打内战的罪行,引起全国人民的极大愤慨。东北行政委员会副主席高崇民与哈尔滨大学校长均发表谈话,表明了中国人民的严

---

① 白玉武、王元年:《两名美国军官被俘》,《长春党史资料》第二辑,第 102—103 页。

② 白玉武、王元年:《两名美国军官被俘》,《长春党史资料》第二辑。

正立场。

国民党军以武力接收东北之初，对美国提供的重要军品物资所附带之美方标志，为掩人耳目，"以免国际间发生误会"，曾于1946年7月26日，按蒋介石训令，东北行营规定："凡系美方移交我国之重要军品等，所有美国国徽及美军之队徽与陆军注册号码等，不论库存或已发出使用者，均着由主管人员以适色之油漆涂去……"①上述国民党政府的"训令"，不仅证明美国以枪炮援助蒋介石打内战是真实的，而且"九台事件"也证明，美国派军事人员公开参加中国内战是真实的。

"四保临江""三下江南"战役胜利后，从1947年5月到1948年3月，东北民主联军接连发动了夏、秋、冬三次强大攻势。

夏季攻势始于1947年5月13日至7月1日，历时50天，歼敌8万余人，收复城镇40余座，将国民党军压缩在以沈阳为中心的中长路、北宁路及沈吉路沿线的狭长地带，迫使国民党军转入重点防御。

为配合当时全国各战场已经形成的全面进攻的总形势，东北民主联军于1947年9月又发起了秋季攻势。这次攻势历时50天，至11月5日结束，共歼敌6.9万余人。北线东北民主联军完全扫清了吉林、长春外围据点，控制了吉长路，收复了九台、农安、德惠等城，迫使国民党军龟缩在锦州、沈阳、四平、长春、吉林、营口等点线及附近地区。蒋介石面对东北战局的失利，派陈诚接

---

① 东北行营民国三十五年(1946年)七月二十六日沈交字第7190号代电，长春市档案馆档案历 23-1-27 号卷。

替杜聿明,但仍不能挽救其败局。为了不给国民党军以喘息的机会,东北民主联军遂于1947年12月15日发起了持续3个月之久的冬季攻势。

1948年1月1日,奉中共中央军委命令,东北民主联军改称东北人民解放军,总兵力已达73万余人,使国民党军在数量上完全处于劣势。1月17日,蒋介石明令派卫立煌为东北"剿总"总司令,同时任命郑洞国和范汉杰为副总司令,企图死守东北。

1948年3月初,东北人民解放军已取得沈西三捷,收复法库,攻克鞍山,解放营口,合围四平等一系列胜利,卫立煌唯恐孤守吉林的六十军被吃掉,因而决定撤守长春,以加强长春的防务。3月8日上午,卫立煌派东北"剿总"副总司令郑洞国和参谋长赵家骧乘专机到达吉林,向曾泽生军长下达了蒋介石的亲笔手谕和"剿总"的命令,大意是:①

　　为了缩短防线,聚集兵力固守战略要地,待机反攻,着令该军长率领六十军全军及吉林省政府所属党政军警机关全体人员和地方军警宪等武装全部于本日向长春紧急撤退;

　　撤退前不能带走的军火、军事装备、给养、辎重等物,全部就地销毁,以免资敌;

　　撤退前必须彻底炸毁小丰满堤坝和发电厂全部

---

① 张第东:《国民党六十军之参加内战及起义》,《吉林市文史资料》第二辑,吉林市委文史资料研究委员会,1984年版,第140页。

设备；

　　沿吉长铁路、吉长公路线内侧之间地带,取道放牛沟
向长春撤退；

　　限于三月七日①夜间立即开始行动。行动务必迅
速、保密、不得有任何泄露。

　　已分令长春新七军派出得力部队,预先到中途放牛
沟山岳地带占领要地接应。

郑洞国下达谕旨之后,便飞沈复命。六十军军长曾泽生随即
召集各师长布置撤退计划,同时急调前往乌拉街、江密峰一带抢
粮的暂编二十一师陇耀所部限于当日回城集结。由于该部撤回
吉林时已近午夜,因而撤往长春的命令,至是日夜十二时始下达。
撤退之时,兵分三路,向长春推进。政府机关在撤退前两小时始
接到通知,因而一时间,这些昔日"作威作福"的官员们,个个惶恐
不安,一些豪绅巨贾也纷纷携及细软,麇集于西卡哨附近,致使
"军民混杂,途为之塞"。

北国的初春,乍暖又寒,白日冰雪消融,道路泥泞,入夜寒风
刺骨,冰封大地。时又降大雪,浅至没膝,深达数米,白雪茫茫,路
沟不辨,使这批撤逃的军民苦不堪言。据时任六十军暂编二十一
师政治部主任张第东撰文《国民党六十军之参加内战及起义》中
记述:"行军中由于急不择道和难于辨认道路,军队、地方机关和

---

　　① 七日,应改作八日。据陇耀《吉林撤退和长春起义》及张维鹏、张第东《长春起义
前后》文,均作八日。

私人的汽车,有的开行只 10 余里便掉进山沟和水塘洼地里去了,动弹不得,有的汽油没了,马达或零件坏了躺在道上,沿途东倒西歪的汽车不少。就连新七军暂时拨配六十军的榴弹炮 4 门,也由于拖炮的两辆十轮卡车在厚雪中无法再向前开行,来不及烧毁就丢掉了","士兵中,有的由于行动异常吃力,十分疲惫,乘黑夜之中扔掉了身上的一些弹药;有的掉了队,黑夜中迷失了行进方向而成了'散兵游勇'","带兵的官僚也是这样……师、团长以至连排长的私人财物,大多抛弃净尽。几乎所有的官兵中,除随身所穿而外,多余的衣服都没有一件。许多人由于丢失甚多,损失较大,身无长物,对打内战前途,更增加了悲观失望和厌战情绪"。又据六十军暂编第二十一师少将参谋长杨肇骧撰文记述:"3 月 10 日,第六十军等撤逃部队在冰天雪地中行进。部队携带少许干粮吃光了,就沿村沿户搜劫老百姓藏匿的食品,搜着一坛子咸菜也如获至宝。前面过的部队把村子里的井水喝光了,后面的部队连水也找不到,只好吃雪解渴充饥","部队过了大水河,公路每隔几十公尺就被挖断一处,桥梁全部拆毁,汽车无法通行","财政厅厅长带出一小汽车钞票,结果被落伍的士兵你一捆我一捆背起走了。一捆就几千万元,有的士兵拿着大钞票发了横财"。[①]

撤守长春的六十军在西进途中,先后在太平岭、磨刀石、波泥河子等地为东北人民解放军独立第六师、第七师、第九师逐次阻击。据不完全统计:"共歼敌 4139 人,其中毙伤敌人 899 名,俘敌

---

① 杨肇骧:《第六十军在吉林的顽抗和撤退》,《辽沈战役亲历记》,文史资料出版社,1985 年版,第 612 页。

3240 名。缴获各种炮 44 门,掷弹筒 2 门,重机枪 2 挺,轻机枪 49 挺,各种长短枪 938 支,子弹 25 万发,炮弹 400 发,手榴弹 1047 枚。汽车 4 辆(不含敌毁坏的 50 余辆),大车 100 辆。电台 10 部,电话总机 20 部,电话单机 57 部,电话线 250 公里。骡马 228 匹。蒋币 7000 万元。"[1]

3 月 11 日,疲惫不堪的六十军到达长春东郊时,新七军以划分防区为借口,不准六十军进驻市区。当六十军请求调拨给养时,又复借口"库存有限,一时难以兼顾",要六十军自筹,就地购买。三日后,经协商,方得进入市区。[2]

六十军此次从吉林撤退,由于行动密匿迅速,虽受到多处阻击,但未伤元气,因而蒋介石谓:"吉林市撤退是最成功的一次撤退"。

1948 年 3 月 9 日,吉林市解放。东北人民解放军将被遗弃在市内和沿途的国民党官员家属,统一收容在吉林文庙之中,并于 17 至 18 日,分别送往长春。[3]

六十军从吉林仓皇撤退时,有两点没有执行蒋介石的命令。一是没有将"不能带走的军火、军事装备、给养、辎重等物,全部就地销毁",而是决定"轻重武器全部带走,炮弹、步机枪弹及其它武

---

① 沈阳军区《围困长春》编委会编:《围困长春》,吉林文史出版社,1988 年版,第 19 页。

② 张笫东:《国民党六十军之参加内战及起义》,《吉林市文史资料》第二辑,第 145 页。

③《长春起义纪实》,吉林文史出版社,1987 年版,第 131 页。

器弹药和装备尽量设法多带,无法带走的,就地收藏起来"。① 二是没有执行"必须彻底炸毁小丰满堤坝和发电厂的全部设备"的命令。丰满电站是日本帝国主义为了扩大侵略战争和掠夺水电资源,于 1937 年在松花江上游动工修建的。这个水电工程如若毁于一旦,不仅是吉林市,而且整个松花江流域的城镇和乡村都将是汪洋一片,人民生命财产将蒙受重大损失。在秋季攻势中,国民党东北行辕曾预谋炸厂毁坝。东北民主联军吉长前进指挥部曾于 1947 年 11 月 3 日通牒六十军一八二师五四四团团长胡彦,应"毅然拒绝这种乱命"。现将通牒全文抄录如下:②

胡团长及小丰满全体官兵们:

蒋介石、陈诚、杜聿明这般内战祸首,卖国罪魁,不仅用强暴手段强占了你们的家乡,摧残着你们的父母兄弟姐妹,也不仅用欺骗手段,把你们骗到离家万里的东北,替他们打内战、当炮灰,抛骨异乡,而且现在正布置一个极端毒辣的阴谋,要使你们成为莫大的罪人,遗臭万代。你们知道吗,这般人民公敌正在积极准备待民主联军解放吉林时即要你们炸毁小丰满水闸,淹没吉林城和北满解放区千百万人民的生命财产尽被冲没。如果你们听从

---

① 沈阳军区《围困长春》编委会编:《围困长春》,吉林文史出版社,1988 年版,第 9 页。

② 东北民主联军吉长前进指挥部致吉林小丰满国民党驻军官兵信,《革命春秋》1989 年创刊号,第 42 页。

这种乱命,下此毒手,那你们便是自绝于人民,决不能逃脱人民法庭的最后裁判。民主联军亦将视你们为战犯,决不宽宥。如果你们尚有爱国天良,尚有正义感,便应毅然拒绝了这种乱命,全力保护水闸,制止一切特务分子实行放水的阴谋手段,那你们便是对东北人民建立了大功,民主联军将视你们为起义友军,或继续为人民服务或回转家乡均听你们自愿而予以帮助。现在你们被困一隅,外援断绝,蒋贼亦自顾不暇,无法强制你们,你们有完全决定自己命运的自由,究竟愿意听蒋贼乱命自绝于人民,还是毅然拒绝乱命,保护水闸,或为人民功臣,希望你们自择,这是我们的郑重警告。

东北民主联军前进指挥部

一九四七年十一月三日

11月10日,东北民主联军总部发言人指出:"本人奉命兹特再一次严重警告松江毁闸绝不能挽救匪军的覆灭。倘使蒋匪竟敢以此举世闻名之电站作其残酷的殉葬品,对其进行加以丝毫破坏,我军纵使追至天涯海角,亦必将下令指使及直接毁闸之战犯匪首,速交人民法庭,严厉惩办,决不宽贷。"[1]由于中共的严正警告和采取对驻守丰满守军喊话、散发传单等政治攻势,迫使六十军将领选择了明智的光明之路。在撤退时,曾泽生曾暗示驻守丰

---

① 《长春起义纪实》,吉林文史出版社,1987年版,第126页。

满电站的五四四团团长胡彦:我们绝不能做花园口式的罪人。纵然军参谋长徐树民强令胡彦执行"剿总"命令,胡彦等亦难以从命,只是用集束手榴弹炸毁了电站的非要害部位和引爆了团弹药库,以造成炸毁电站的假象,从而使电站得以保存下来。

国民党第六十军从吉林撤守长春不久,东北人民解放军于3月13日攻克了战略要地四平,全歼守敌1.9万余人。至此,东北国民党军被全部分割包围在长春、沈阳、锦州三个互不联系的孤立地区。

第二节　军事围困与相机出击

国民党第六十军撤守长春以后,蒋介石任命郑洞国为第一兵团司令兼吉林省主席。郑氏于3月15日由沈阳飞到长春,3月25日在励志社礼堂宣誓就职,走马上任。郑氏为执行蒋介石提出的"固守待援,相机出击"的战略要求,提出了"加强工事,控制机场,巩固内部,搜购粮食"的十六字实施计划。

为了实现其"持久防御"的方针,加强长春的城防工事,已成为当时最急迫的任务。早在日本侵略军占领时期,就曾在市内和郊区构筑了许多坚固的防御工事。城市中心的关东军司令部、在乡军人会、空军司令部及大兴公司等重要建筑,均设有坚固的坑道、地下室和铁闸门,形成了相互依托,又相互隔绝的防御体系。国民党军进占长春以后,又在市内增修明碉暗堡等永久性和半永久性工事150多处。同时,在春城四周设有宽2米、深2米的外壕,壕内有纵射火力点,壕外及主要街道架设了铁丝网等各种障碍物,形成了要塞式的防御体系。郑氏坐镇以后,又以市中心为核心,层层设防,在市郊设置了多道防线,并亲自督促各部加强防御工事,以发挥各种火器的威力。按照郑氏的话说:"我自信长春城防固若金汤,可以同解放军较量一番了。"①国民党中央社曾大肆吹嘘:"长春城防曾经聘请专家数十名精心设计,搜集世界各国防御工事的资料,动员技工数十万人,使用水泥六万袋,铁板一千五百余吨,历时一年零一个月才构成有'坚冠全国'的永久性工事。"②位于市中心的伪中央银行,是一座异常坚固的建筑物,其外墙是用厚 1 米以上的花岗石砌成,室内存有大批弹药和粮食,能自行发电和供水,国民党第一兵团司令部就设在这里。当时,固守长春的国民党军主要是新七军和六十军,加上兵团直属部队,长春警备司令部所属部队,吉林师管区和地方游杂部队,号称十万之众。长春的城防部署以纵贯南北的中山大街和中正大街(原斯大林大街)为界,新七军防守西半部,六十军防守东半部。郑氏出任兵团司令以后,曾部署兵力,加强了对西郊大房身机场和东郊一些高地的防守力量。为了加强城防守备力量,郑洞国还收编了两个土匪骑兵团,其余则任其在四郊流窜,到处烧杀抢劫,成为郊区人民和难民的心腹大患。新七军与六十军,因其嫡庶之别,矛盾甚深。为了能在危难时刻"同舟共济",郑氏于同年 4 月保荐曾泽生为第一兵团副司令,李鸿为长春警备司令,但两军之

---

① 《长春文史资料》一九八八年第二辑,第 208 页。
② 《吉林市文史资料》第三辑,第 86 页。

间的矛盾非但未能缓解,反而日趋尖锐。

为了鼓舞士气,郑洞国于 5 月 20 日蒋介石就任中华民国总统之际,在长春组织了一次阅兵典礼。此时此刻,郑氏已"讲不出什么豪言壮语了","自己心里也很空虚"。据郑氏回忆:"当全部美械装备的新三十八师部队整整齐齐地在检阅台前通过时,我心头突然袭来一股难以名状的伤感情绪。该师是我非常熟悉并引为自豪的一支部队。……自进入东北参加内战以来,这支以往英勇善战的部队却累遭打击,士气下降。现在又随我陷入如此困境,将来还不知有什么样的命运等待着他们"。① 对于当时阅兵的气氛,用郑氏的话说:"倒真象是举行了一次葬礼"。②

5 月 21 日,郑氏为了确保大房身机场的安全和搜刮粮食,指挥长春守军沿飞机场方向发起了大规模的出击行动,在机场外围构筑工事,并于当日下午进占了小合隆。正当郑氏庆幸初战告捷,自鸣得意之际,东北人民解放军独十师及六纵十六师一个团,于 5 月 24 日下午 5 时半攻占了大房身机场,俘敌五十六师副师长王正国以下近 600 人。③ 至此,长春外围战斗已胜利结束,国民党守军与沈阳间的唯一空中通道已被切断,长春已成为一座名副其实的"陆上孤岛"。

1948 年 3 月 15 日冬季攻势结束后,东北人民解放军总部就考虑和部署攻打长春。从 4 月份开始,东北军区总部召开了一系

---

① 郑洞国:《固守长春始末》,《长春文史资料》一九八八年第二辑,第 210 页。

② 郑洞国:《固守长春始末》,《长春文史资料》一九八八年第二辑,第 210 页。

③ 王玉峰:《强攻大房身机场》,《长春文史资料》一九八八年第二辑,第 30 页。王玉峰当时系东北人民解放军独立第十师参谋长。

列的军事工作会议,从思想上、组织上和战术技术上为强攻长春进行了准备。4月18日,东北局和东北军区主要负责人正式提议:部队在军事、政治整训之后打长春。4月22日,中央军委、毛泽东复电,同意攻打长春,同时也批评林彪多次陈述的认为打沈阳、锦州、榆锦段以及入关作战困难的思想。[①] 为了实施攻打长春的计划,东北局决定成立第一前线指挥所(以后又叫第一前线围城指挥所、第一兵团),由肖劲光任司令员,肖华任政委,陈光、陈伯钧任副司令员,唐天际任副政委兼政治部主任,解方任参谋长,准备指挥攻打长春。5月24日,东北人民解放军一纵、六纵乘国民党新七军出击之机,对长春进行了攻城试打,结果只消灭国民党军6000人,外围战斗没有打好,并不成功。[②] 6月5日,东北人民解放军总部向中央军委提出了三个方案:(一)一口气拿下来;(二)向南去;(三)围困长春。[③] 6月7日,中央军委复电东北军区,同意第三个方案,对长春进行围困,练兵两个月以后再打。[④] 6月15日至20日,第一前线围城指挥所在吉林召开了高级干部会议,决定对长春采取"长围久困,展开政治攻势和经济斗争,使其粮弹俱困,人心动摇时再攻"的方针。同时决定以十二纵队三十四、三十五师,六纵十八师以及六、七、八、九、十师等五个

---

① 肖劲光:《解放长春》,《辽沈决战》,人民出版社,1988年版,第406页。

② 中共中央党史资料征集委员会、中国人民解放军档案馆编:《阵中日记》,中共党史资料出版社,1987年版,第789页注①。

③ 《六月十五山吉林高级干部会议纪要》,《阵中日记》,中共党史资料出版社,1987年版,第790页。

④ 《六月十五山吉林高级干部会议纪要》,《阵中日记》,中共党史资料出版社,1987年版,第790页。

独立师和一个炮团为围城部队。当即还发布命令："为保卫攻击长春的战略任务,决定对长春进行军事上、政治上、经济上的围困,总的任务是:断绝敌人粮柴,禁止行人进出,控制机场,不使敌人空运,扰乱敌机空投,并积极歼灭出扰敌人,寻找敌之弱点,逐步压缩敌人,完成攻城战场之各项准备……"①从 6 月 25 日起,围城部队进入指定位置,对长春正式进行封锁围困。在城外方圆五十里的地面上,人民解放军围城部队作了纵深梯次部署,在一、二线阵地上构筑了坚固的工事,封锁线层层密密,纵横交错,双方碉堡相对,声息相闻。时任东北人民解放军第一兵团司令员肖劲光在回忆录《解放长春》一文中说:"除了有环城交通沟保持各部队之间、各部队与指挥所之间的联系外,各部队都有伸向前沿的壕沟,形成了一个地下交通网。从地面上看,似乎是一马平川,不见我军一兵一卒;但在地下面,却是千军万马,严阵以待。交通沟的最前沿,距敌不过百把米,连敌人吃什么饭都可以看清。"②

面对人民解放军围城部队的军事围困,国民党守军"剿总"第一兵团司令官郑洞国采取了"固守待援,相机出击"的策略。围困之初,国民党守军频繁出击,仅 7 月上旬就达 6 次之多。据《阵中日记》记载:7 月 3 日至 6 日,国民党守军约 1 个团的兵力,向谭家营子独七师阵地冲锋 3 次,均被击退;新三十八师约 1 个团的兵力,于 1 时 30 分向独十师据守之绿园石虎沟、孟家店一线作试探性出击;新七军和保安旅约 2 个营,在迫击炮掩护下,向谭家营子

---

① 肖劲光:《解放长春》,《辽沈决战》,人民出版社,1988 年版,第 407 页。

② 肖劲光:《解放长春》,《辽沈决战》,人民出版社,1988 年版,第 409 页。

及宋家洼子西北角三合屯等地进攻,均被击退。① 4 日晨 4 时,国民党守军出动 1 个团向独七师谭家营子一带阵地进犯,冲锋 3 次,均被击退。② 7 月 10 日至 12 日,国民党守军纠集暂五十二、二十一、六十一、新三十八师各约 1 个团的兵力,在炮火掩护下,分别向西南、正南、东南 3 个方向出击,各路均被我击退。③ 面对解放军围城部队的顽强阻击,国民党守军损失惨重,不敢贸然出击袭扰。10 月 2 日,蒋介石命郑洞国所部配合沈阳"国军"主力西进援锦时,率长春守军相机突围。从 10 月 3 日至 6 日,国民党新编第七军主力在猛烈炮火支援下,多次轮番向绿园一带出击,均以失败而告终。鉴于国民党守军的大肆出击有突围的迹象,东北人民解放军总部决定,"铁岭以北,长春以南及周围之十二纵队以及各独立师,统归一兵团肖劲光、肖华指挥"。④ 从此,在长春以南、铁岭以北的这一地段,人民解放军集中了 2 个纵队、10 个独立师,19 个独立团的重兵,以防突围和便于阻击。在东北人民解放军第一兵团围困长春的 3 个多月中,国民党守军共出击 30 余次,损兵折将 3000 余名,企图撕开封锁线,重新占领机场和向南突围的迷梦,终成泡影。

---

① 《阵中日记》,中共党史资料出版社,1987 年版,第 819 页、823 页。
② 《阵中日记》,中共党史资料出版社,1987 年版,第 819 页、823 页。
③ 《阵中日记》,中共党史资料出版社,1987 年版,第 827 页、1022 页。
④ 《阵中日记》,中共党史资料出版社,1987 年版,第 827 页、1022 页。

第三节 经济封锁与战时经济体制

东北人民解放军第一兵团对国民党长春守军实施军事手段包围之,经济手段困扰之,政治手段瓦解之,是中共根据当时决战方针的确立,所采取的战略决策。

固守孤城,历来为兵家之大忌。郑洞国明知此举是走向败亡之路,但因受命于国府,也只好在此"固守待援"了。为了固守长春,10万守军的吃粮成了当时最紧迫的问题。据国民党长春市市长尚传道回忆:当时"在卡哨内的人口约为40万人,郊区约20万,加上10万部队和军政人员,民食军糈,每日消耗很多,没有充足的粮食储备就谈不到久守"。[①] 为了储备粮食,在解放军围城之初,国民党中央银行长春分行在郑洞国的授意下,大量发行现钞,以支付抢购粮食的需用。国民党守军于5月中旬借军事出击之机,大肆抢劫粮食、牲畜和柴草,长春四郊村屯无一幸免,同时,在市内用高价大量搜购粮食。到5月23日,共抢购军粮300万斤,加上尚传道从中央信托局长春分局扣买下存于长春的100万斤大豆,总计约400万斤。国民党市政当局还派员在全市进行户口清查和存粮登记,调查结果表明,全市存粮只能维持到7月底。[②] 面对缺粮挨饿的恐慌,粮价急剧上涨。据长春市政府长秘一字860号签呈称:"查近日本市粮价突然上涨……其主要

----

① 尚传道:《四进长春》,《长春文史资料》第八辑,1985年1月,第72页。

② 尚传道:《四进长春》,《长春文史资料》第八辑,1985年1月,第72页。

原因如次：一、粮食存量有减无加，致供不应求，粮价难免上涨。二、采购军粮甚为急迫，团以上各单位均领到大批现钞，直接向市内粮米商出高价收买，因而刺激粮价上涨。三、商民往卡哨外购粮，出入均受限制"，等等。① 解放军围城指挥部于 6 月 28 日，在吉林市召开了围城政工会议。围城政工会议确定在三个方面进行陆上经济封锁：（一）粮食、蔬菜、燃料、牛马及一切可供敌人的生活资料。（二）断绝敌我区人员来往及亲朋商业关系。（三）肃清土匪敌特活动及一切走私爪牙，严防破坏分子钻入我区。在上述三项中，以断绝粮源为第一要务。同时确定长春外围 25 公里内为封锁地带，由围城部队及各县区武装、民兵、自卫队为第一线，地方武装、民兵、自卫队为第二线，使军事封锁与群众封锁相结合，造成一个严密的封锁网。

　　断绝进入长春市的粮源，并非易事。合围之初，国民党守军征粮机关每日能购到二三十吨粮食。主要是因为长春市外围均系新区，群众尚未发动，封锁线距城太远，且市内粮价奇高，布及工业品则较贱，运粮入市，获利十倍，故商民专以走私为业。走私者在沿途各村设有秘密据点，逐村转粮，数人数处分带，如一处被查获，其余亦足获利，并有武装击伤群众岗哨者。据《围城情况简报》报道：仅双阳县万宝山区三天之内没收走私粮计 2 万多斤。② 为了断敌粮源，防止走私，解放军围城各师防区划界成立军队地方统一的对敌斗争委员会，发动群众配合军队站岗，设立盘查站，

---

① 长春市档案馆档案历 23-3-21 号卷。

② 《围城简报》第一期，第 17 页，吉林省档案馆档案政 72-6 号卷。

堵截出入,防止走私,并规定以没收走私粮百分之三十(后为五十)作为奖励。经严密封锁后,入市粮食大减,但还不能根绝。[①]为加强经济封锁,围城政工会议还规定:(一)敌我经常争夺的地区,要将地主存粮搬入我区保管。(二)在我区一律禁止使用白票。(三)以县为单位在封锁区内进行户口调查登记,重发新居住证,过去国民党发的居住证、身份证,一律收回焚毁。今后无证明的黑户不得收留。(四)严防敌人疏散市内人口。(五)严格部队的粮食制度,防止以粮换物。[②] 后来,在封锁区又实行粮食统制。在封锁区成立生产救灾合作社,组织群众集体到后方买粮。人民政府所发种子及救济粮,亦通过合作社,计地计口贷出,口粮以每三五天发一次,以免走私。长春西地区因救济粮较少,采取带领群众集体购粮的方法,或限制每人购粮不得超过十斤,并保证不准走私。[③] 由于实施军民联合封锁,严禁走私,致使国民党守军军粮日缺,士气低落,逃亡者日增,社会秩序已渐陷混乱,人心浮动,朝不保夕。郑洞国在高级军官会上说:"鞠躬尽瘁吧!"其士兵则反映:"八路这方法真绝,还不如快打。"[④]

面对解放军经济封锁的严峻形势,郑洞国曾联名两军六个师长电呈蒋介石,沥陈艰困情形,请速派援军及空投粮食。而蒋介石于 7 月初来电,却叫郑氏尽收长春人民所有粮食物资,由政府

---

① 林彪、罗荣桓、谭政:《围困长春报告》(1948 年 9 月 9 日)。

② 《围城简报》第一期,第 5 页,吉林省档案馆档案政 72-6 号卷。

③ 林彪、罗荣桓、谭政:《围困长春报告》(1948 年 9 月 9 日)。

④ 林彪、罗荣桓、谭政:《围困长春报告》(1948 年 9 月 9 日)

统一分配。① 如此一纸电文，郑氏心里明明白白，蒋介石不仅不派援军，就是空投粮食也难以保证，因而推行战时经济体制，以维持其最后的统治。

1948 年 6 月 15 日，经尚传道会同省府秘书长崔垂言和省府参事兼兵团政工处处长王中兴草拟了一个《战时长春粮食管制暂行办法草案》。6 月 22 日，正式发布了《长春市战时粮食管制办法》。同时，还设置了由兵团司令部、吉林省政府、长春警备司令部、长春市政府等联合组织的长春市战时粮食管制委员会，由尚传道任主任委员。该《办法》管制的粮食种类有：大米（包括稻子及粳子）、小米（包括谷子）、高粱、高粱米、苞米、大豆、小豆、豆饼、面粉、小麦，计 10 种。并规定："前条所列之粮食，不论为军粮或民食，不论为自存或代存，凡散在本市之商店民宅及各公私机关团体学校者，均须予以登记。"由"政治工作大队"和"战时工作总队"派员协同区保指导员逐户清查登记。

7 月 15 日，经告密人检举，长春警备司令部督察处处长张国卿派员查封钟华区七保十五甲六户居民李树彦余粮 2000 斤。② 8 月 4 日，查封头道街正兴保四甲住户陈富山余粮 5023 斤，押送据点仓库。③ 如此存有"余粮"者，在当时仅为少数，而多数居民早已断炊。所谓清查"余粮"，就是公开抢夺市民手中仅有的一点活命粮。

---

① 尚传道：《四进长春》，《长春文史资料》第八辑，第 79 页。
② 长春警备司令部督查处督查字第 196 号，长春市档案馆档案历 23-3-101 号卷。
③ 长春警备司令部督查处督查字第 196 号，长春市档案馆档案历 23-3-101 号卷。

由于粮价暴涨,国民党中央银行发行的纸币已无法应付庞大的军政开支。据 1948 年 7 月 28 日《长春中央银行各军政机关借款明细表》统计,从是年 6 月 10 日至 7 月 28 日,长春第一兵团司令部、吉林省保安司令部、东北军粮筹购委员会长春分会等 11 个单位,累计借款 5117100 百万元。[①] 又据中央银行长春分行于 8 月 2 日电告中央银行总行,仅军粮一项每日即需 6500 亿元之巨。[②] 为弥补现钞之不足,郑洞国以长春最高军政长官的名义强令中央银行长春分行印制发行面额更大的流通券本票。最初,发行的面额 30 万元 1 张,继而发行 50 万元、100 万元、200 万元 1 张的,迅即增至 1.2 亿元 1 张。到长春解放前夕,还发行了不定额本票,截至 10 月 6 日已发行 13 种,总额达 831133 亿元。[③] 为了赶制军方日需本票 6000 亿元,中央银行长春分行不得不"逐日发动全体员工昼夜赶制"。[④] 这些大额本票的流行,使长春的金融和经济生活完全陷入了绝境。国民党守军用这些大额本票抢掠市民手中仅有的活命粮,而人民得到的却是一张废纸。当时,社会上流传的民谣说:本票本票,几千万元买不到一个烧饼、半根油茶;揩屁股不顶用,买手纸也买不到。[⑤]

长春滥发天文数字的大额本票,坑害了数十万长春市民,却

---

① 长春市档案馆档案历 23-4-114 号卷。

② 长春市档案馆档案历 23-4-114 号卷。

③ 张庆文、曹俊卿、王哲:《中央银行本票》,《长春文史资料》一九八八年第五辑,第 179 页。

④ 1948 年 8 月 2 日中央银行长春分行电告中央总行,长春市档案馆档案历 23-4-114 号卷。

⑤ 张第东:《国民党六十军之参加内战及起义》,《吉林市文史资料》第二辑,第 154 页。

中饱了国民党军政官员的私囊。他们利用关内外市价的悬殊差额,通过长春银行,将捞取掠夺的成百亿、上千亿的大量款子,汇往北平、上海、南京、湖南、广州等地,大发横财。从 6 月 1 日至 7 月 3 日,中央银行长春分行汇往关内的款项达 8600 亿元。[①] 6 月份,长春交通银行汇往天津、北平及其他各地的汇款计 890 亿元。[②] 中央信托局长春办事处汇往关内的款项达 9500 余亿元。[③] 据中央银行长春分行列表统计,6 月 8 日,新七军官佐 500 人三笔汇款计 13 亿元之多。[④] "这几百亿、千亿的钱,在长春只值几斤或几十斤高粱米,而汇到内地就可换成几十两、几百两黄金。因此,他们利用长春人民的血和泪大发横财。"[⑤]

郑洞国推行的以"征购余粮"和发行大额"本票"为核心的战时经济体制,已将市民手中的粮食搜刮殆尽,军糈也已到了山穷水尽的边缘。在大房身机场和宽城子机场相继为解放军占领后,空运已完全终止,郑氏为了"固守待援",也只好依赖于空投了。

6 月 11 日,长春国民党守军组成了空投接收委员会。分设两个空投场地,新七军为中山公园,六十军为南岭运动场。东北"剿总"和设在锦州的后勤总部第五分监兵站总监商定,每日空投长春 10 万斤军粮。每架大型运输机最多可载 6000 斤,按 10 万斤计算,每日尚需 17 架,才可分到守军每天每人 1 斤粮食。据郑洞

---

① 长春市档案馆档案历 23-4-91 号卷。
② 长春市档案馆档案历 23-4-91 号卷。
③ 长春市档案馆档案历 23-4-91 号卷。
④ 长春市档案馆档案历 23-4-91 号卷。
⑤ 尚传道:《长春固守纪事》,《辽沈战役亲历记》,文史资料出版社,1985 年版,第 404 页。

国在《固守长春始末》一文中回忆："开始每天还有 11～12 架飞机来空投，以后减到每天 3～4 架，而且一逢阴天下雨就停飞。这点粮食对于 10 万大军来说，简直是杯水车薪，无济于事。尤其恼人的是，空军与新七军曾有摩擦，因此飞行员执行任务时就采取不负责任的态度。"① 在人民解放军围城部队对空炮火的有效控制下，国民党空军只好高空盲目空投，有的飘落到解放军阵地上。7 月 12 日至 25 日，解放军拾得大米 155 包，衣服 28 包。仅 9 月 9 日就有 389 包之多，为围城部队所获。② 国民党空军开始向长春空投时，仍使用降落伞（每伞 100 斤），后来降落伞用光，则改用 50 斤一麻包直接空投，因而砸坏了不少民房。居住在西四马路191、189 号的居民张学曾和张占武之房盖均于 9 月 21 日午后 3 时 40 分被砸坏，虽经呈请修缮，而当局的答复竟是"暂不修理"。③ 一些居民因祸从天降而被砸死或砸伤。据国民党军第一兵团司令部警卫连连长刘震坤在《困守孤城的点滴见闻》一文中回忆："有一天，我在四马路亲眼看到一个三轮车夫被空投的大米袋子砸死，真是祸从天降！他的妻子儿女哭得死去活来，祈求用这袋米换些必要的东西来安葬死者，而狼心狗肺的纠察队竟把这袋米抢去了，实在令人发指。"④ 为了活命，国民党守军之间因争抢空投粮食和物资，经常发生冲突，乃至械斗。尽管郑洞国和曾泽生以司令官的名义发布命令："倘有不顾法纪，仍敢擅自抢藏者，一

① 《长春文史资料》一九八八年第二辑，第 215—216 页
② 《阵中日记》，中共党史资料出版社，1987 年版，第 909 页。
③ 长春市档案馆档案历 23-3-3 号卷。
④ 《新七军投诚》，《长春文史资料》一九八八年第二辑，第 360 页。

经查获,即予以就地枪决",①但已无人听命了。到了 9 月,东北
"剿总"声称"机油两缺",而完全终止了空投,使国民党守军赖以
生存的唯一的一线希望也破灭了。由于空投中断,饥肠辘辘的国
民党士兵只能以酒糟、豆饼和野菜充饥,多数人浮肿,患有夜盲
症。10 月 3 日,郑洞国抽调新七军新三十八师和六十军一八二师
向绿园方向突围,企图夺回机场或突围南下。在解放军强大火力
的阻击下,国民党官兵终因饥饿过久,体力不支,不敢恋战而
败退。

在军事打击下屡屡败阵,在经济封锁下忍饥挨饿的国民党守
军,面对解放军的强大政治攻势,更是人心浮动,分崩离析。

第四节　政治攻势与巩固内部

军事围困、经济封锁和政治攻势是三位一体,同步进行的,是
人民解放军围困长春的重大决策。长春国民党守军是由中央嫡
系部队、云南地方部队及土匪和伪军所组成,相互间矛盾甚深。
潘朔端和王家善的起义对守军震动较大,对壮大人民解放军的声
威和宣传优俘政策是有影响的。特别是国民党军进入东北以后,
由于屡屡败北,因而征丁拉夫抓了不少东北籍新兵。这些新兵与
解放区有着各种社会联系,他们思念家乡,思念亲人,关心解放区
的土地改革,因而对蒋介石打内战心怀不满。经过军事围困与经

---

① 郑洞国:《困守长春始末》,《新七军投诚》,《长春文史资料》一九八八年第二辑,
第 216 页。又见长春市档案馆档案历 23-4-72 号卷。

济封锁,国民党守军士气低落颓丧,惶惶然不可终日。

鉴于上述情况,1948 年 6 月 28 日,肖华在吉林召开的围城政工会上《关于围困封锁长春的政治工作报告提纲》中提出:"攻心为上,攻城为下,心战为上,兵战为下",要求围城部队"要强化政治攻势,达到削弱敌人的斗志,减少甚至瓦解敌人的战斗力"。[①]8 月 17 日,副政委兼政治部主任唐天际在围城部队高级干部会议上的报告《围城中几个问题》中指出:"政治攻势的重点是宣传攻势,而以目前长春外围之阵地对峙情形,宣传工作中喊话应成为主要方式,因喊话内容可根据具体对象灵活规定。"[②]从此,在前沿阵地开展了声势浩大的宣传攻势。

国民党军新三十八师是守军中的主力,待遇优厚,正统思想较深,也比较顽固。但他们远离家乡,不愿打内战,因而思乡心切。该师一一二团与解放军相距近在 70 至 80 米,远则 200 多米。为了在近距离有效地对守军进行喊话,减少伤亡,解放军将直形喊话筒改为弯形喊话筒。有的群众看到话筒时笑着说:"这个大喇叭就够三十八师受,怪不得兵都往这边跑。"解放军战士则说:"这个筒子比三八式步枪还顶事。"[③]解放军针对新三十八师的内部情况,进行了针对性的宣传。开始时,往往因喊"蒋介石是美国走狗,你们不要再当蒋介石的走狗了!"而引起守军的反感。后来,根据守军士兵被抓壮丁远离家乡,思乡心切的具体情况,改

---

① 《围城简报》第一期,第 5—6 页,吉林省档案馆档案政 72-6 号卷。

② 《围城简报》第二期,第 5 页,吉林省档案馆档案政 72-6 号卷。

③ 《围城简报》第二期,第 22 页,吉林省档案馆档案政 72-6 号卷。

变了以往生硬的说教,而是针对守军心里所想进行喊话。如:"你们想一想,你们是怎样被抓来的,你们的父母妻子在怎样活着,他们不想你们吗?""被困在长春天天吃黄豆,将来连黄豆也吃不上的!"这些口号发挥了一定的作用,新三十八师一一二团七连士兵齐贵投诚后说:"听你们喊怎样被抓来的,父母妻子想不想以后,真想大哭一场,当时就决心不干了。"①利用投诚人员喊话也很有作用,他们了解对方的情况,能将过来后的实际体会喊给他们所熟悉的人听,效果就会更好。由于守军逃亡日渐增多,国民党军当权者就派员进行反宣传或谩骂。解放军喊话人员则抓住对方喊话中的矛盾,予以揭露和反击。

——"八路军弟兄们,过来吧,我们这里吃大米白面。"

——"三十八师的弟兄们,你们长官说你们吃的是大米白面,你们吃的是大米吗?不是黄豆吗?"

——"八路军弟兄们,投诚到长春来,愿干的干,不愿干的发路费送你们回家!"

——"三十八师的弟兄们,你们自己能离开长春一步吗?你们能出来吗?"

——"我们有飞机,我们用飞机送你们回家。"

——"三十八师的弟兄们,你们的飞机能落下吗?我们的高射炮早把它打到云彩上面去了,它敢落下来吗?"②

在解放军喊话人员的有力反击下,守军宣传队哑口无言,以

---

① 二三部队政治部:《围城对敌喊话几点体会》,吉林省档案馆档案政 72-6 号卷。

② 关寄晨:《打败敌三十八师的政工队》,《沈阳军区历史资料选编》,第 153 页。

失败而告终。后来,他们恼羞成怒,就找来一批妓女进行低级下流的色情宣传或进行扰乱喊话。他们让妓女唱流行歌曲,喊什么"八路哥哥呀,你们过来吧,我们等着嫁你呀"。扰乱不成,就大喊大叫,大骂大打。①

8月19日,围指又发出政治攻势突击周的指示,提出要个个打政治仗,人人作宣传,大家想办法,检查过去,表扬好的,批评坏的,针对具体对象进行工作。于是军民联合,开展了轰轰烈烈的宣传攻势。解放军各围城部队动员了广大群众和干部战士,特别是前沿部队及长春市难民,长春外围群众、老头、小孩、妇女、学生,包括逃兵、蒋军家属、俘虏等,都参加了政治攻势。独八师二团与八连全连 170 余人,即有 110 多人参加了对守军的政治攻势。② 在配合喊话的同时,还制造了各种各样的宣传品和宣传单,据统计有 54 种之多,如《中国人民解放军东北军区司令部政治部通告》《通行证》《告长春市工商业界的同胞们》《给蒋军中一切有正义的军官们指出大道》《三条路走那条》《人民解放军对放下武器蒋军官兵一律优待》《告蒋军兄弟们》《告长春市民书》《天下穷人是一家,自己人不打自己人》《告滇军六十军官兵书》等。③ 现将《告长市蒋军官兵书》抄录如下:

蒋军官兵弟兄们:

---

① 《围城简报》第二期,第 22 页,吉林省档案馆档案政 72-6 号卷。

② 唐天际:《三个月的政治攻势总结及今后政治攻势任务》,吉林省档案馆档案政 72-6 号卷。

③ 长春市档案馆档案历 20-2-46 号卷。

　　你们在蒋政权压迫与欺骗之下，离开了父母妻子，抛弃了可爱的故乡美丽的田园，出生入死，忍饥挨饿为美国的走狗大卖国头子蒋介石争地盘打江山，我们是非常的同情你们这种痛苦，想你们家里的父母是如何的盼望着你们早日回来，我们坦白的告诉你们为了要消灭蒋政权，为人民造幸福，在战场上不能不向你们开枪，这是我们感到很痛心很遗憾的事情。

　　现在蒋介石正看着锦州要垮，东北整个就被解放，又叫你们捏着三四个月以来每天吃半饱的肚子向沈阳逃跑，可是要知道放在你们面前的只有三条路：第一是在你们向沈阳退却的途中被解放军整个歼灭或者缴械，假如侥幸地逃到沈阳，可是沈阳的食粮和长春又是同样的缺乏，还是吃豆饼、糟糠，日后沈阳又要逃跑，那时你们再逃到那里呢？第二是在长春饿死冻死，因为锦州不久就要解放了，那时长春早内无粮草，外无救兵，空投遮断，除了一些大官有吃有喝，能玩能乐，你们这群可怜的低级干部和士兵们又那能有吃的烧的呢？还不是束手的饿死冻死吗？第三是你们投诚或者武装起义投奔解放军，反正回到解放区来，我们对于反正过来的蒋军官兵绝对不杀害不处罚，愿安家立业的，我们给开路条拿路费可以自由回家，并可同样分到土地和房屋，愿给干事的给介绍工作，愿求学的可以进学校。如果携带武器和军事品过来的一定受到优待和奖励，我们是以最大的诚意欢迎你们悔过自新,放下武器回到解放区来,不咎前非。请你们闭上眼睛仔细想一想这些悲惨的情形吧,是替老蒋卖命到底呢?还是投奔解放区早日放下武器,回家团圆呢? 望三思之。①

解放军中长部政治部

长春地区前进支部

为向守军输送宣传品和宣传单,解放军围城各部队群策群力,创造出许多切实可行的办法。如打宣传弹、制造宣传船、放孔明灯,利用伊通河和南湖将宣传品飘放至城郊或城内。同时还采取了给前沿守军送饭,阵地联欢和送伤放俘,中秋节送月饼等办法,有效地削弱了守军的战斗力。据时任国民党军一兵团司令部警卫连连长刘震坤回忆:"8月15日中秋之夜,一位解放军指导员带领4名战士,扛着大米、荞面、猪肉、月饼等,通过卡哨来到洪熙街据点。解放军和蔼地说道:'今天是中秋节,我们没带武器,不是来打仗的。我们来一不想谈军事,二不想谈政治,我们只带来一点礼物,想和你们一起过节,唠唠家常'。解放军这样做,既体现了共产党对在国民党压榨下的士兵们的关怀,也说出了全国人民大团结的真诚愿望,在场士兵无不感动至极。"②在长春市内到

---

① 《中国共产党长春地区革命斗争史资料》,第59页,长春市档案馆档案历20-3-46号卷。

② 《新七军投诚》,《长春文史资料》一九八八年第二辑,第362页。

处都可以见到解放军的宣传单,其中《蒋军投诚官兵通行证》尤为守军官兵们所重视,妥为收藏,以便为自己留一条出路。另外,围城解放军还选择逃兵降兵俘虏中有条件者进行打入,同样是瓦解守军的有效办法。据围城以来两个月的统计,仅西线部队经过派遣人员拉出的人数计 459 人,集体投诚共 11 次。[①]

在政治攻势中,做守军内部,尤其是对六十军上层军官的工作,是瓦解守军另一项极其重要的任务。六十军的前身为滇军,系云南地方武装。抗日战争爆发后,改编为国民党六十军,曾参加过台儿庄、武汉、长沙会战,为国家民族作出了贡献。抗战胜利后,蒋介石令六十军入越南受降,同时发动了"昆明事件",逼龙云交出云南军政大权。1946 年 4 月,调往东北参加内战。在东北战场两年半的时间里,一八四师师长潘朔端起义,暂二十一师损兵折将,败绩累累,军心浮动,撤退吉林,困守孤城以后,受虐待歧视,已陷入绝境。

为争取六十军,早在抗日战争时期,中共曾先后派共产党员张天虚、周时英等到一八四师工作,并成立了地下党支部,发展了部分党员。1944 年年底,中共云南地下党派遣联大、云大孙公达、陆飞、赵雄等进步学生经中共地下党员骑兵搜索营营长杨滨安排,分别到营、连、排工作,后来均调派至军部机要岗位。

1946 年 4 月,六十军陆续到达东北。6 月中旬,中共中央由延安派往东北工作的刘浩在六十军驻地抚顺会见了杨滨、王立中

[①] 《围城简报》第四期,第 6 页,吉林省档案馆档案政 72-6 号卷。

和孙公达等地下党员,建立了与中共的直接联系。① 据杨滨《在六十军做地下工作的回忆》,刘浩"对今后的工作做了以下几项决定:第一,具备党员条件的,分别逐个地发展入党(很快地解决了孙公达、陆飞的组织问题);第二,利用敌人内部矛盾和不满情绪,适时进行煽风、泄气、搭桥与团结进步,争取中间,孤立顽固的工作;第三,注意搜集重要的军事情报,以配合我军作战的需要;第四,建立地下交通;第五,有选择地进行中上层军官的策反工作"。② 为使刘浩能经常往来于六十军和九十三军等处,改刘姓赵,并挂了个国民党少校军需官的头衔。从此,内外接上了关系,明确了今后工作的方向。

1947年7月,六十军在梅河口、磐石等地损兵折将以后,开始移住吉林市及其近郊。刘浩经六十军部副官处副官长兼特务营长杨滨(中共地下党员)"搭桥",③会见了暂编二十一师师长陇耀,递交了东北军区领导人和潘朔端写给陇耀和曾泽生的亲笔信,介绍了中共的政策。应陇耀的要求,根据东北军区的指示,吉林省军区放还了暂编二十一师200多名被俘军官,在六十军内部

---

① 刘浩,云南人。1946年4月,在延安中央党校学习。4月26日,中共中央决定派刘浩等到东北做滇军工作。行前,受到朱德、刘少奇、毛泽东的接见。到东北后,任东北军区政治部前方办事处处长。

② 《长春起义纪实》,吉林文史出版社,1987年版,第288—299页。

③ 杨滨当时化名杨重。1947年下半年返回解放区,六十军地下组织由孙公达负责。

产生了积极影响。①

1947年10月,为加强瓦解六十军的工作,成立了东北军区政治部前方办事处,刘浩任处长,杨滨任副处长。1948年2月,前方办事处到吉林外围活动。3月8日,国民党六十军撤逃吉林后,办事处收容并遣送了30多名没有来得及随军撤走的中下级军官家属和小孩,在六十军内部产生了巨大的反响。六十军暂编五十二师师长李嵩的弟弟李泰然同妻儿团聚后,非常感动,主动给解放军写信说:"国民党使我妻离子散,共产党使我阖家团圆;国民党抓住共产党的家属,不是扣作人质,就是枪毙、活埋;共产党收容我们的家属,处处优待。解放军真是仁义之师,国家忠良"。他在信中还表示,今后绝不再干坏事,绝不再打共产党,争取早日投靠人民。后来曾3次向解放军提供重要军事情报,并参加了长春起义。②

1948年4月,经东北军区批准,"从解放团选择了经教育表现较好,与曾泽生、陇耀等六十军将领关系较深,在中下级军官中有一定影响的六十军被俘团长张秉昌,副团长李峥先、何尔寿,团副夏绍文、营长张士勋等,以放俘的形式遣回长春"。③ 这些人回到长春以后,在六十军的起义过程中,发挥了重要作用。在六十军

---

① 刘浩:《争取滇军工作的回忆》,《长春起义纪实》,吉林文史出版社,1987年版,第255页。

② 刘浩:《争取滇军工作的回忆》,《长春起义纪实》,吉林文史出版社,1987年版,第257页。

③ 《长春起义纪实》,吉林文史出版社,1987版,第258页。

中以孙公达为首的地下党组织,积极开展策反工作,发展了一批地下党员,为六十军的起义创造了有利条件。

在强大的政治攻势与军事围困、经济封锁的密切配合下,国民党守军士气低落,军心涣散,逃亡者与日俱增。据解放军第一兵团副政委唐天际在《围城敌工会议上的总结》中说:"自 6 月 25 日起到 9 月 15 日止,80 天中共计收容敌逃兵 13500 名,其中新七军 3439 名,六十军 3821 名,土杂部队 6240 名","按月计:9 月 1 日至 9 月 15 日,共收容敌逃兵 3130 名,每天平均 208 名,比 7 月份每天增加 93 名,比 8 月份每天增加 28 名"。[1] 国民党守军的大量逃亡,加速了内部的瓦解与分化,加速了国民党统治者败亡的进程。

9 月 23 日,解放军第一兵团政治部召开了围城政工会议,布置了第二期政治攻势,指出了今后的政工方针:除继续开展对敌猛烈宣传攻势,大量瓦解敌人外,特别强调组织蒋军战地起义工作,创造内应外合的条件。会议强调,政治攻势是重要的战略组成部分,要"下本钱,用干部,拉长线,钓大鱼"。[2] 随着对守军政治攻势广泛深入地开展,从 9 月 16 日至 30 日,又收容逃亡蒋军 2407 名(缺两个师的报告),[3]中共"攻心为上""心战为上"的斗争策略取得了重大胜利,为军事手段最后夺取长春,奠定了基础,创造了条件。

国民党军政当局面对解放军围城部队声势浩大的政治攻势

---

[1] 《围城简报》第四期,第 1、2、15、52 页,吉林省档案馆档案政 72-6 号卷。

[2] 《围城简报》第四期,第 1、2、15、52 页,吉林省档案馆档案政 72-6 号卷。

[3] 《围城简报》第四期,第 1、2、15、52 页,吉林省档案馆档案政 72-6 号卷。

所造成的士气颓丧、逃兵激增的严峻局面,为巩固其内部,做最后的垂死挣扎,采取了举办各种训练班、在政府及官兵中推行联保连坐、实行白色恐怖屠杀革命志士、驱赶市民于卡哨外等反动措施,以维护其最后的反动统治。

举办训练班组建各种团队 在困守长春期间,国民党军政当局为提高士气,加强对内部的控制,曾举办了各种训练班。1948 年 4 月,开办了吉林省军政干部训练班,主要训练从吉林撤逃长春的公教人员及长春市政府减编下来的人员共 400 余人。结业后,约有一半人员编入"长春市战时工作总队",由尚传道兼任队长。该"总队"成员分别担任各区、保指导员,宣传反动政策、密查"嫌疑分子"、潜入解放区进行谍报活动。"这些人成为困守中的基层骨干,直接骑在人民头上,无恶不作",[①]是一支反动的别动队。5 月,新七军在伪满炭大楼旧址,举办了连排长级干部训练班。共举办 4 期,每期 10 至 15 天。训练期间除讲军事课以外,"还竭力掩盖当时惨败的现实,大谈东北战场上日渐'有利于国军'的大好形势,借以稳定军心"。[②] 7 月至 9 月,郑洞国在励志社又开办了两期兵团干部训练班,调训两个军师长以下受训,"主旨也在于继续灌输反动毒素,维系士气,加强团结,企图贯彻长期固守的方针"。[③] 长春市教育局局长佟贵廷秉承市长的旨意,也办起了中

---

① 尚传道:《长春困守记事》,《辽沈战役亲历记》,文史资料出版社,1985 年版,第 406 页。

② 彭云鹏:《我在兵团部特务团》,《新七军投诚》,第 354 页。《长春文史资料》一九八八年第二辑。

③ 《辽沈战役亲历记》,文史资料出版社,1985 年版,第 407 页。

小学教师暑期讲习班。尚传道竟然要求教师们在食不果腹的情况下，做到"围城之中，弦歌不辍"。为了防止市民和学生们"闹事"，国民党当局还强制组建了"幼年兵团"。据《长春市民众编组办法》规定：年6岁至12岁之儿童要编入"儿童队"，年13岁至17岁之少年要编入"少年队"，年18岁至45岁之男子要编入"自卫队"，年18岁至45岁之妇女要编入"妇女会"，年46岁以上之男子要编入"父老队"，年46岁以上之妇女要编入"姥姥队"。① 总之，所有人都要纳入编队之中，听命于反动当局，不得违抗。只有参加编队者方可佩戴当局发放的"符号"和"通行证"，否则不准在市内通行。国民党当局尽管用各种手段强制民众于编队之中，以巩固其统治，但人心却难以强制，他们企望着和平和解放。

发布反动政令，严防中共渗入 在解放军围城部队开展强大政治攻势的同时，国民党军第一兵团司令官郑洞国、副司令官曾泽生，于5月28日以"极机密"件令长春市政府。内称："迩来长市潜伏奸匪甚多，乘机活动。希饬严密防范并彻底清查户口，实施联保连坐办法"，并要求"对各通讯机构要地，如电台、电信局总机等及械弹油料仓库等处，须即饬加强警戒并构筑必要工事，以防意外。"② 同时，郑洞国、尚传道又以吉林省主席和委员兼民政厅长的名义，转发了国民党政府于1948年3月23日发布的《戡乱时期地方行政首长防匪保境奖惩条例》。③ 8月2日至16日，吉

---

① 长春市档案馆档案历23-3-70号卷。
② 长春市档案馆档案历23-3-140号卷。
③ 长吉民三字第567号，长春市档案馆档案历23-3-1号卷。

林省政府又分别转发了国民党中央执委会和行政院关于《严密防范各大学毕业奸党分子渗入政府各部门潜伏工作》的训令。训令要求各政府机关及国营事业机关在任用本届各大学毕业生时，"须先送各校所在地青年运动委员会严格审查同意后，确无奸党嫌疑始得任用"，同时规定必须有介绍人"切实能保证无奸党嫌疑"，即或任用，所在单位保卫小组还要对其"加紧注意"。[①] 8月16日，长春市政府向政治工作大队发布了"为洪熙街哨口外有化装破烂商之毛匪工作员仰注意防范"的训令。国民党军政当局为防止中共渗入，曾于1946年7月8日公布了《防止奸匪活动暂行办法》。其中第三项规定："如仍有执迷不悟甘心为匪传递消息并予掩护者，一经查获，以通匪论罪。"[②]国民党军政当局对中共的策反工作十分惶恐，他们大肆抓捕"通共"的"嫌疑分子"。据原吉林省保安旅步兵第一团上尉军械员李壮飞回忆："9月间，某连抓送到团部一个50岁的老太太和一个30岁的妇女，说是她俩在市场对士兵宣传投降的话。第三天早晨，她俩就在宽城子被我团派兵活埋了，我目睹了这一凄惨场面。"[③]国民党军政当局还经常派出巡察队在长春火车站至大马路间的街道，对过往行人进行检查，有时一天之内就抓捕10多名没有带身份证的百姓，送交派出所进行查处。他们不仅到处抓捕百姓，草菅人命，就是对报童也不放过。原长春警备司令部直属第三、四巡察队上尉队长王世廷

---

① 长吉秘人字第1618号，长春市档案馆档历23-3-2号卷。

② 警备字第95号，长春市档案馆档案历23-1-35号卷。

③ 李壮飞：《我在保安旅一团的见闻》，《长春文史资料》一九八八年第二辑，第399页。

受安震东之命,抓捕报童 30 余名。他们利用威、逼、哄、吓等各种手段,让孩子们承认贴了"反动标语",并交代出指使者。"这些孩子最大的也不过十四五岁,小的才十一二岁。有的被吓哭了,有的吵着要东西吃,有的要上厕所,一时间乱成一团"。后来,"问也问不出什么结果,于是,我命令士兵把抓来的这些报童全都放了"。①

在政府机关和军队中推行联保连坐 1948 年 5 月 4 日,国民党长春市政府发布了民户字第 128 号《为限期取具所属公教警员工联保连坐切结令》。在其《联保连坐取具方案》"实施要领"中规定:"本府以科(室)为联保单位,全体职员向科(室)主管长官出具联保连坐切结书。主管向所属局(处)长出具联保连坐切结书。各局处长再对市长出具联保连坐切结书"。战时工作总队、民众自卫队队员及警察队警员以 10 人为一组,学校教员及政府所属单位工友每 5 人为一组,分别向主管出具联保连坐切结书。切结书一式两份,一份存各属主管,一份呈送市长。② 5 月 22 日,长春市政府根据吉林省政府的训令,要求政府各机关职员都必须填报《职员特种保证书》。在《特种保证办法》中规定:"职员每三人为一连保小组","连保人应相互监督,彼此之言语行为随时向主管密报,连保小组内有人违反保结情形,同组人不事前告发者,应负

---

① 王世廷:《长春警备司令部巡察队》,《长春文史资料》一九八八年第二辑,第464 页。
② 长春市档案馆档案历 23-3-46 号卷。

连坐责任"。① 这里所说的"违反保结情形",即指《联保连坐规约》中所规定的六条:"一、有煽惑反动思想或暗行破坏政府组织及散布谣言者。二、有为奸匪或与共匪有勾结行为或藏匿共匪侦探工作人员者。三、有泄漏公务之秘密者。四、有侵占公有物或贪污情事者。五、有规避兵役或隐匿适令壮丁不报者。六、有隐匿军火不报者。"②在上述六条中,尤以一、二条为重要,凡《保证书》及《连保保结》书中,均将"不参加共产党"写入其中。现将当时已填报的《职员特种保证书》移录如下:

职员特种保证书

被保证人姓名　马和平

年龄　三十

性别　男

住址　建国胡同 403 号

职务　战工队队员

今保得右开被保证书人不参加共产党及有危害国家或有违背政府之组织及泄露职务上机密之行为,如有违反,愿负法律上一切责任。

具保证人姓名　杨仁晖(印)

---

① 长吉秘人字第 493 号,长春市档案馆档案历 23-3-1 号卷。

② 长春市档案馆档案历 23-3-46 号卷。

职业　新七军司令部中校秘书

陈鸣人(印)

新三十八师少将副师长

(如系商店保,应具商店名地,总经理姓名,商店
图记。)

中华民国三十七年六月三日①

这里出具的"特种保证",系指"所任职务有特殊情形者",如
政府职员、战工队队员等,此等人员必须由本部、署、付、处、局较
高官员二人或所在地殷实商店一家负责保证。同时,还要出具连
保保结,方为有效。现将当时呈缴的连保保结抄录如下,以为
佐证。

长春市政府职员连保保结

今刘金魁、于世功、张登甲、孙焕亭四人愿具连保保
结,互相保证均不参加共产党及有危害国家之行为或违
背政府之组织,如有违反,甘愿受连坐处分,谨呈。

一等警士于世功(印)

具连保保结人　一等警长张登甲(印)

---

① 长春市档案馆档案历 23-3-95 号卷。

二等警士孙焕亭（印）

二等警士刘金魁（印）

中华民国三十七年六月八日①

国民党军政当局想以此种"联保连坐"巩固其内部，实行法西斯统治，尽管能奏效于一时，但随着江河日下，人心向背，也只能是一纸空文了。

在军队中，均实行"连坐法"，每 3 人为一组，1 人逃跑，其余 2 人则挨打；2 人逃跑，剩下的 1 人则被枪决。国民党守军还规定，凡超过哨卡 30 米外，"如发现外出军人，任何人都有枪杀之权，凡抓回逃亡者，无论带枪与否，均予枪毙"。② 据时任国民党军第一兵团司令部警卫连连长刘震坤回忆："有天晚上，一个叫李桂林的士兵，听完解放军喊话后，因思亲情切，归心似箭，便偷偷地顺着解放军喊话的方向跑去，不料被哨兵发觉，将李桂林抓回，当即就枪毙了。"③ "连坐法"的实施，不仅没有控制住守军的逃亡，反而由于国民党官兵预感到蒋家王朝的覆亡，更促成守军成排成连地携械投诚和逃跑。仅中秋节的第二天，六十军一八二师第五四六团就有 31 人投诚。新七军新三十八师第一一二团七连逃出士兵 26 人，其中班长唐国华把全班都带出来了。当时在长

---

① 长春市档案馆档案历 23-3-87 号卷。

② 《围城简报》第三期，第 27 页，吉林省档案馆档案政 72-6 号卷。

③ 《长春文史资料》第三辑，第 361 页。

春守军中流传这样的顺口溜:"连坐法办,促成集体投降;杀身成仁,变成保身倒蒋。一批批地跑,一批批地降,打完了,守完了,跑完了。"①

---

① 《吉林市文史资料》第三辑,第 99 页。

第六章　长春人民反蒋民主运动与根据地建设

第一节　广大师生反饥饿反迫害争取民主的斗争

中小学师生罢教与罢课　1946 年 5 月 23 日,国民党军进占长春以后,在"接收"机关企业的同时,也"接收"了全市的中小学校。据 1946 年 7 月《教育局工作报告》统计,当时有中学 12 所,小学 53 所,计有教师 1291 人,学生 44036 人。国民党当局虽言称:"教育为百年大计,本府极为重视",但同时又以"财政困难"为由,拒发教师工资,因而引起广大教师的极大愤慨。1946 年 9 月,全市中学教师假中学运动会之机进行串联,并于运动会的第二天在女中召开了全市中学教师代表大会,宣布成立了"长春中学教师罢教委员会",推选栾世泮为主任委员,潘豁达、孙福元为副主任委员。[①] 大会决议向当局提出三项条件:(一)补发四、五、六、七月共四个月的工资。(二)八、九两个月的工资不许拖欠。(三)今

---

　　① 徐一夫:《国民党时期的长春市中小学》,《长春文史资料》一九八六年第一辑,92 页。

后工资要折合实物发给,并提高教师的工资待遇。① 广大教师的罢教运动,深得广大市民和学生的积极支持,有的学校的学生自动罢课,并向当局提出改善学生生活,增添教育设施等要求。在一周左右的罢教斗争中,反动当局惊恐不安,他们采取高压和软硬兼施的手段,逮捕教师,开除罢教中的骨干,从而使这次罢教运动被瓦解。罢教虽然失败,然而却教育了广大教师,使他们丢掉了幻想,进一步认清了国民党的反动本质,增强了与国民党当局进行斗争的决心和信心。

在中学教师罢教的影响下,小学教师的罢教运动也迅速发展起来。在文庙小学教师李深昌等人的带动下,各小学教师采取了统一的罢教行动。尽管中学教师的罢教被当局所瓦解,而小学教师的罢教斗争却能再继续进行。对此,国民党长春市市长和教育厅局长曾先后多次向代表施加压力,但代表们毫不畏惧。恫吓不成,当局则允诺提高工资,但事后又不按月发薪,这就更激起了广大教师的义愤。为了坚持长期斗争,1947 年 4 月初成立了长春市小学教师联谊会,公推李深昌为理事长,各校均设有分会,由 3 名理事组成。1948 年,国民党的统治处于风雨飘摇之中,当局多次派军警对联谊会的活动进行威胁和阻挠。为了抗议当局的反动行径,联谊会决定从"五四"日开始全市罢教。6 月 15 日,当局竟公然宣布,开除罢教带头人李深昌、于振声、郑维汉三人,致使罢

---

① 徐一夫:《国民党时期的长春市中小学》,《长春文史资料》一九八六年第一辑,第 92 页。

教斗争在反动当局的镇压下被迫终止。① 两次罢教运动虽然没有达到预期的目的,但广大师生反饥饿反迫害反法西斯教育的呼声一刻也没有停止,他们运用各种手段,如"索米"运动,撒传单,贴标语等,同反动当局继续进行斗争,以迎接长春的解放。

松北联中反蒋民主运动 松北联中系由东北几个流亡党团的头头,在取得东北行营的支持后在长春成立的。它专门接收由解放区跑来的中学生,免费提供食宿,实行特务式的训导制度,大搞军事训练,发展反动组织,迫害进步青年,妄图把学生培养成为反共的力量。

1947 年 2 月,松北联中一分校三青团支部在校方的支持下,以调整宿舍为名,准备将三青团团员安插到各个宿舍中,以监视进步青年学生的活动。校方在公布调整宿舍名单的同时,强令学生迅速执行。为了反对校方阴谋,在该校教务主任刘育新的暗中指示下,一些进步青年串联该校多数学生,掀起了一次反对调整宿舍的风潮。分校校长房殿华(兴安省三青团书记、军统特务)在召集全体学生训话时,佩戴少将军衔,借以威吓学生。学生当即提出:"反对学校不顾学生利益,竟在严冬季节调整宿舍","反对军阀式的统治学校"。在大多数学生的反对下,校方只能取消这项决定。②

---

① 徐一夫:《国民党时期的长春中小学》,《长春文史资料》一九八六年第一辑,第 92 页。

② 刘育新:《和进步青年并肩战斗》,《暴风雨中的长春青年》,长春市青运史工作委员会,1989 年版,第 209 页。

松北联中成立以后,该校经费系由南京专汇。校方则利用该项经费大搞投机生意,校内贪污成风,学生伙食费不仅被克扣,就连教师员工的工资也停发三月有余,因而激起了广大教师的不满。1947 年 12 月下旬,联中一分校教职工在教师东方英等号召下,自发地召开了全校教职工大会,决定立即罢课;并向六个分校发起呼吁,请各校派代表 2 人到一分校开会,向学校要工薪。大会公推东方英和刘玉文为一分校代表。嗣后,各分校代表一致同意罢课索薪,并立即到校务委员会提出要求。校务委员会金秘书以南京数月未予拨款为由,进行狡辩和有意拖延,于是教师代表决定到银行查账。据查,12 月 18 日南京曾给联中拨款 30 亿,校委会账上有钱,足可发放工薪。代表们以银行的证明为凭据,决定上诉地方法院控告金秘书贪污公款、拖欠工薪。金秘书则送厚礼给邵检察官,将此事不了了之。为平息教师的愤懑,校方搬出前副校长王焕彬(三青团中央干事,军统特务)与代表谈判。代表当即提出三点要求:一、立即发工薪,连欠薪全部补发;二、向全体教职员工赔礼道歉;三、保证以后不再发生类似事件。对上述要求,王焕彬应允做了保证,并在 1948 年 1 月中旬发了全部工薪,罢课索薪斗争就此结束。①

1948 年 2 月,国民党当局图谋借学生放寒假之机解散松北联中,把各分校的学生强行编入国民党军队,以补充军队的缺额,因

---

① 东方英:《松北联中的反蒋爱国运动》,《长春文史资料》一九八六年第一辑,第108—110 页。

而激起联中学生的义愤,群起反抗。鉴于上述情况,刘育新[①]、孙亚明(时任长春大学总务长、经济系教授)通过外围组织发动联中和长春大学学生,联合起来反抗斗争。当时提出的口号是:"反对强迫松北联中学生充当内战炮灰!""青年们动员起来,反对内战,支援松北联中同学!"[②]于是两校学生连夜书写传单和标语,准备上街游行。联中训导处由于发觉了学生的行动,强令学生不准上街,而长大学生则于凌晨走上街头,沿途高呼口号、张贴标语,揭露当局的阴谋,深得市民的同情和支持。1948 年 8 月底,国民党当局宣布解散松北联中,除部分学生被迫编入幼年兵团外,多数学生投奔了解放区。

长大学生反饥饿反迫害的斗争 1946 年 7 月,长春大学尚未筹建之际,一批在沈阳东北临时大学补习班学习的原伪满各大学学生,因反对当局滥收学生而集体前往长春,等候国立长春大学的成立。9 月上旬,国立长春大学筹备处的牌子挂出以后,时任校长黄如今只承认在校的 1000 多名学员是学生,而不承认伪满大学的学籍,必须经过甄审考试才能入学。[③] 国民党教育当局对东北学生的歧视和刁难,引起在校学生的强烈不满。9 月 18 日,学生代表与校方谈判破裂,晚饭后学生集体到校部示威请愿。在返回的路上,遭到新一军重炮营的鸣枪恫吓,激起了学生的更大义愤。

---

① 1948 年 3 月 1 日,经孙亚明介绍,徐慎批准,刘育新加入了中国共产党。
② 刘育新:《和进步青年并肩战斗》,《暴风雨中的长春青年》,长春市青运史工作委员会,1989 年版,第 213 页。
③ 周克让:《回忆长春大学》,《吉林文史资料》第 18 辑,第 83 页。

翌日,长大学联召开全体大会,向校方提出严重抗议,并散发传单,揭露校方无视学生的合理要求和勾结军队鸣枪镇压学生,在长春市内引起了反响。当局怕事情闹大不好收场,新一军和校方不得不向学生赔礼道歉。经过多次谈判和斗争,学校当局承认了原来的学历,全部免试入学,反甄审考试斗争取得了胜利。[①]

1947年4月,长大训导处课外活动组主任孙锦廷因无理侮辱医学院院长郭松根教授,导致了医学院乃至全校的教职员工和学生的罢教、罢工和罢课。据周克让回忆:"孙倚仗是'飞来的大员',对郭院长很不尊重,激起了医学院学生的群起愤怒,大字报铺天盖地,公开谴责和呼吁校方罢免孙锦廷。"[②]为了阻止和破坏学生的罢课,学校当局采取各个击破,逮捕进步青年学生或借口解放军靠近长春而疏散学生等卑劣手段,瓦解了这次罢课斗争。

1948年3月,长大教职员中的国民党、三青团、军统和中统纠合在一起,发起了迁校平津的活动。一些逃离长大身居要职的反动教授徐家骥(长大文学院院长、军统少将)等人,也在平、津、沈遥相呼应,梦想迁校成功,便可官复原职。[③] 在少数教授的鼓动和倡议下,长大成立了迁校委员会,并推选长大总务长孙亚明(中共地下党员)为主任委员。在孙亚明的领导下,通过外围组织发

---

① 梁亦:《长春大学学生运动的回忆》,《长春史志》第三、四期,1986年6月30日版,第49页。

② 周克让:《回忆长春大学》,《吉林文史资料》第18辑。

③ 孙亚明:《我以国民党接收人员身份在长春开展地下党工作的情况》,《暴风雨中的长春青年》,长春市青运史工作委员会,1989年版,第200页。

动长大师生掀起了反迁校运动。这场斗争十分激烈,主张迁校的
学生说:"第三次世界大战眼看要打起来,东北一切都将毁灭,不
能再安心读书了。"反对迁校的学生则说:"东北是我们的家,不管
国内时局怎样变化,我们都要坚持在东北学习,绝不在关内流
浪。"①双方唇枪舌剑,大字报铺天盖地。国民党六十军撤逃长春
以后,长春成为一座孤城。广大师生认识到国民党政权已是穷途
末路,行将寿终正寝,因而支持迁校的人越来越少。迁校委员会
主任孙亚明则利用其合法的身份,对少数要去北京报到的学生故
意拖延签发证明,或以学校无钱为借口不发和少发助学金以阻止
其南行。随着政局的变化,长大少数人鼓动的迁校运动终未
得逞。

自 1948 年 2、3 月以来,国民党教育部就中断了给长大的汇
款。长春粮价暴涨,长大"员生均以豆饼树叶糊口,饿倒者甚多,
生活委实无法维持,情绪至为惨苦"。② 为解燃眉之急,校方曾多
次向中央银行长春分行借款,但杯水车薪,无济于事,激起广大师
生对国民党当局的强烈不满。是年端午节之日,学生以食堂停伙
为导火线,举行了反饥饿、反内战的游行示威。当游行队伍到达
东朝阳路原校长黄如今的官邸时,正逢学校当局的头头们在那里
宴会,因而群情激愤,纷纷要"吃大家"。长大三青团头头谢恕对
学生态度蛮横,被学生痛打一顿。最后由孙亚明出面劝导,答应

---

① 梁亦:《长春大学学生运动的回忆》,《长春史志》第三、四期,1986 年 6 月 30 日
版,第 49 页。
② 长春大学给东北政委会的请款报告,长春市档案馆档案历 23-4-48 号卷。

安排食堂开伙,此事方告平息。

到 1948 年夏秋之际,长大师生的绝大部分约 1200 多人,已离开长春到达解放区。长春大学校长张德馨于同年 6 月 3 日,也安全到达到解放区。据张老回忆:"我去解放区非常保密,同行的商伴们并不知道我的意图,离长时我只带了长大的一名职员吴子义,他是我的亲戚,只有他一个人知道我的意图。如果稍露破绽,被人发现,告到长春督察处,不进监狱,就是枪毙,是非常危险的。"①同年 6 月 17 日,张校长到吉林省教育厅报到时,受到吉林省政府主席周保中、副主席袁任远的亲切接见和热烈欢迎。

第二节　长春工人的罢工与护厂斗争

国民党军进占长春以后,长春市工人阶级为反抗国民党的反动统治,维护自身权益,开展了各种形式的斗争。1946 年11 月6 日,长春市澡塘业所属 19 家工人因与资方利金分配问题,同资方进行了历时两周的不懈斗争,终于迫使资方让步,承认了工人提出的条件。同年 12 月 26 日,长春市重庆路大华皮鞋厂 300 余名工人,为反对厂方虐待和拖欠工资,举行了罢工斗争。②

1947 年 4 月 25 日,长春市国民党当局为搜罗炮灰,在"春季征兵"中抓走了 6 名电力局员工,激起了长春电业工人的义愤。

---

① 常城、苑宏光:《第一位走向解放区的大学校长》,《长春文史资料》一九八八年第五辑,第 30 页。

② 张敬刚:《解放战争时期的长春工人运动》,《长春党史资料》第四辑,第 105 页。

按当时国民党征兵部令,凡属国防、邮电、电业、铁路的技术员工一律缓征,电业员工应属缓征之列。然而长春市政府的军事科科长征兵官陈俊麟因窃电采暖被罚而怀恨在心,故借征兵之机进行报复。4月30日早6时,电业工人700余人集会于白梅会馆(原电业俱乐部),在李野光(中共地下党员)的指引下,大会决定向当局提出三项要求:一、立即安全放回被抓去的6个人;二、撤销陈俊麟军事科科长职务,停止征兵抓人;三、要市长赵君迈公开向电业员工赔礼道歉。大会推选徐坚为主席,变电所技术员关二奎和局稽查股股长任秉钧为副主席,组成以任为首的请愿团,同时向小丰满和抚顺发电站厂打了求援电报。在请愿团请愿未果的情况下,小丰满和抚顺发来了"全力支持"电报,使全体电业员工深受鼓舞。在徐坚的率领下,工人们打着"反对非法征兵"的横标,高呼"反对抓电业工人当兵!""要求立即释放被抓六名工人兄弟!"等口号,沿中正大街(原斯大林大街)举行了示威游行。为配合这次行动,电业工人拉下电闸,致使全市停电,电车陷于瘫痪,从而震惊了国民党军政当局。在电业工人的强大压力下,当局通过与工人代表谈判,同意释放被抓员工和撤销陈俊麟的职务。① 这次轰动全市的"断电风潮",极大地鼓舞了电业工人的斗志,打击了国民党当局的嚣张气焰,使全市人民进一步认清了国民党的反动本质。

为配合人民解放军解放长春,长春工人阶级冒着生命的危险,在国民党残酷统治下,进行了英勇的护厂斗争,为保卫国家财

---

① 徐坚:《忆长春电业工人"四卅"罢工》,《吉林文史资料》第13辑,第62页。

产和市政设施作出了贡献。

长春市卷烟厂是长春市一家较大的企业,盈利较高,工人的待遇也较好。国民党吉林省主席梁华盛到吉林任职后,到处劫收工厂,化公肥己。他到长春视察后,对长春卷烟厂贪心大发,准备将卷烟厂的机器设备搬往外地,窃为己有。卷烟厂工人奋起反抗,提出了"机械是我们保护住的,任何人都不能搬走"的口号,经工人的多次抗议,才使梁华盛的阴谋未能得逞。[①] 长春火柴厂工人为阻止厂方盗运机器设备和原材料,进行了抗议和罢工斗争,迫使厂方不敢轻举妄动。在极端困难的情况下,工人们终于完整地保护了工厂。长春解放后的第三天,该厂即恢复了生产,成为长春解放后第一个开工的工厂。[②] 长春铁路工人为反抗国民党的反动统治,经常采取消极怠工,破坏机车零件和铁路器材,打乱行车计划等办法,阻挠了军事调动和军事物资的运输。同时用各种办法使机务段保住了 9 个材料仓库和 22 台机车。国民党五十九师修械所的职工以怠工的方式,一年只生产了 3 门六零炮,并把它藏起来,交给了人民解放军。[③] 其他诸如长春发电厂、房地局、火砖厂、国民党后勤部汽车 24 厂、自来水公司和电车公司等单位的工人,为阻止国民党军队的抢掠和破坏,为保卫工厂的完整作出了巨大贡献。

---

① 《中国共产党长春地区革命斗争史资料》,长春市档案馆档案历 20-2-46 号。

② 长春市档案馆档案历 20-2-46 号卷。

③ 张敬刚:《解放战争时期的长春工人运动》,《长春党史资料》第四辑,第 106 页。

第三节　中共地下党的艰苦斗争

光复后,在国共两党争夺长春的斗争中,活动在长春的中共地下工作者在极其复杂和极端困难的情况下,为发展党的组织、组建人民武装、建立舆论阵地、搜集国民党军政情报和发动群众同国民党当局进行针锋相对的斗争做了大量的工作。围困长春期间,为配合军事围困、经济封锁和政治攻势,他们潜伏在国民党的军政机构、大专院校和春城的各个角落,进行了一场特殊的战斗。

当时,活动于长春的中共地下组织共有 10 余个系统,地工人员 1200 余名,其主要系统有:

东北局城工部系统　城工部是对敌城市工作部的简称,其主要任务是向敌区派遣地下工作人员,设法潜入其内部,搜集党、政、军、经各方面的情报,发展地工组织,搞工人、学生运动及上层人物的工作。配合解放军解放大、中城市和恢复城市生产建设。[①]

该系统成员徐慎、赵东黎、傅根深、王永生、申东黎、苏东、郭景兆等人于光复前后进入长春,开展地下斗争。1945 年 9、10 月间,上述成员分别参加了中共长春市委、吉长部队的创建及组建各种群众团体和设立秘密据点的工作。郭景兆则以合股开办"聚

丰五金行"为掩护,组织与宣传群众。

孙亚明、孙大光由中共派遣,作为国民党的"接收大员"随国民党长春市市长赵君迈进入长春。孙亚明以长春市政府参事、敌伪产业保管委员会副主任兼秘书长、市府社会局局长、市府印刷厂厂长、公用局局长、长大总务长、长大校务委员会主任等头衔为掩护,为长春的解放做了大量的工作。在长大期间,通过外围组织发动长大学生开展了支持联中和反迁校斗争。先后发展了刘育新、陈一华、安邦梁、秦宏伦加入了中共党组织。

该系统打入军事部门,从事兵运活动的成员有:肖向春、刘志诚、翟福贵、王天恩、王文达、刘铁文、李凤桐、刘华、阎世斌、叶伟、佟炎、温旭山、郭群、工宏文等。[①] 1947 年 10 月,根据吉北联络处陈少中选择时机,炸掉新七军设在海上大楼(今市中心医院)地下室弹药库的指示,钱泽球、肖向春、那守田、刘树春小组,于"双十节"下午,巧妙地将弹药库引爆,震惊了国民党军政当局。后来,钱泽球在长春解放前夕,惨遭国民党杀害。[②]

1947 年 8 月,城工部派李天成到长春大学搞学生运动。他发展了 A、B、C、D 四个组,这个组织称为"李梦星小组",李天成为核心组长。到长春解放时已发展 140 余人。根据长春工委下达的任务,该小组及时地将《长春大学国民党党团分子名单》和《国民党党政机关的物资清单》送往九台。该小组还翻印了 5000 余份

---

① 中共长春市委党史研究室、中共长春市委党校:《中国共产党在长春七十年》,长春出版社,1991 年版,第 107 页。

② 宋丹、刘树春:《智炸弹药库的独立小组》,《艰辛的历程》,长春文史资料总第 45 辑,第 220 页。

各种传单，几百个小册子，收到了良好的效果。该小组还经常向围城部队提供军事情报，推荐干部医药用品和器械。同时，还组织学生运动，反对迁校，保护进步学生等。①

在长春大学从事地下活动的还有赵洪根据上级指示组织的两个秘密小组。第一小组组长陈辛，其成员有乌恩溥、杜林、郭雅宽等人。第二小组组长苏昆，其成员有黄明俊、王凌、张维本、杨福绵等人。陈辛小组在校园内办了一个《建国壁报》，并组织编写《民主墙》大字报。"在宣传我党主张·宣传解放战争形势，揭露国民党的反动本质，推行学校的民主运动上起了一定的宣传作用"。② 同时，在209室还办了一个《写作园地》，传阅进步书刊、组织了读书会，使一些学生走上了革命的道路。

长春工委系统 随着革命形势的发展，东北局城工部于1948年2月撤销。原三室杨实人率二室部分同志前往九台与江含的民运科合并，组成长春工作委员会（简称长春工委）。③ 其主要任务是：对长春进行地下派遣，广泛对敌军进行策反瓦解和搜集长春守敌的党政军警特及社会情报，为解放长春做准备工作。该系统向长春派遣地工人员主要通过以下四条渠道：一是由工委组织部部分长赵东黎和组织干事吕天负责，有地工人员200余

---

① 李天成：《在另一条战线上》，《艰辛的历程》，长春文史资料总第45辑，第147—149页。

② 赵洪、陈辛、乌恩溥、杜林：《两种命运的决战时刻》，《暴风雨中的长春青年》，长春市青年运动工作委员会，1989年版，第154页。

③ 《党在长春的地下斗争(1945—1948)》，中共长春市委党史研究室，1991年版，第209页。

人；二是由吉北联络处陈少中负责，有地工人员 100 余人；三是由九台联络站站长江含负责，主要任务是送往迎来；四是由陈泊、侯诺青领导的派遣工作，对外称解放军松前指挥所或长春情工组。[①] 从 1948 年 3 月至 8 月，长春情工组就向长春市派进 10 多个地工小组，发展地工关系 380 余人。搜集到有重要价值的情报 180 份，警报性情报 45 份，次要性情报 95 份，一般情报 93 份。通过各种渠道搞到文件 805 件，其中关于国民党特务机关和特务分子的 219 件，关于国民党党团活动的 194 件，关于长春市内一些社会恶劣现象的 319 件，关于国民党重要军事动态的 73 件。同时，还搞到了长春守军修建的 64 座钢骨水泥永久工事图纸和长春市地下水道图纸。情工组还通过李仲三（国民党国防部二厅长春情报站少校督察）搞到了该站特务组织在长春的电台、人员、密码、文件等和该情报站向南京呈报的潜伏在洮南、海拉尔、哈尔滨、库伦、敦化、北安、延吉、牡丹江、九台等地特务名单，为人民政府一网打尽。[②] 在与敌特斗争中，地工人员于经五、刘勤轩、冷志中、李真凡等被敌特残酷杀害。

1948 年春，东北军区松前指挥部司令员陈光指示其地工人员李野光等人，要不遗余力地寻找杨靖宇将军的遗颅，要千方百计抢救到手，一时转移有困难，也定要做好保护工作。为完成这一任务，李野光等人经过反复调查，得知先烈的遗颅存放于长春

---

① 《中国共产党在长春七十年》，长春出版社，1991 年版，第 113 页。
② 《党在长春的地下斗争（1945—1948）》，中共长春市委党史研究室，1991 年版，第 15—16 页。

医学院。6月,医学院学生纷纷离校,校舍一部为国民党保安骑兵第二旅卫生队所占用,遂委派刘亚光打入该卫生队充任中尉军医。刘亚光利用职务之便,在大半毁损的器材堆里,找到了杨靖宇和陈翰章两位先烈的遗颅,并将其"间壁"起来。与此同时,国民党长春市警察局督察员曹路超与刑警大队队长何群伙同一批特务也闯进医学院进行搜寻,因未找到将军的遗首,只好扬长而去。同年8月,地工小组设法将遗首运至亚光医院保存。长春解放后,由张羽护送至哈尔滨,并珍藏于东北烈士纪念馆。①

长春解放前夕,长春工委和松前发出了保护长春的指示,随即成立了保护委员会,下设5个分会,将大批在长地工人员派往企业、工厂、学校、科研机关和各项建筑物,组织专责保护,免遭破坏。如陈光系统组织其成员在伪长春县政府、铁路机务段、电务段、车站和长春医学院、五六师机械所及有关工厂房地产部门进行保护,使这些单位和部门于长春解放后完整无损地交给了人民。②

东北局社会部系统 在长春设有工作站,其前身为"东北青年救亡总会",光复后改名为"东北解放同盟"。成员有田琛、关克、高亮、丁一等50余人,成员中多数为留日爱国青年。主要活动于国民党军政部门,搜集情报。

苏军进入长春后,该工作站成员曾提供情报,配合苏军搜捕

---

① 李野光:《抢救杨靖宇陈翰章先烈遗颅经过》,《吉林文史资料》第23辑,政协吉林文史资料研究委员会,第104—113页。
② 《松前指挥所所属长春地工活动概况》,长春市档案馆档案历20-2-46号卷。

了伪满汉奸。1945 年冬,其成员曾将第一个到长春的国民党军少将张柏生的军统密码拍照下来,对破译军统密码电报,掌握敌情起了重要作用。苏军撤离长春前夕,将国民党军驻长第四纵队作战计划及时送交徐慎,使"四一四"解放长春的战斗得以顺利进行。为了掌握情报,通过各种渠道,打入国民党军政部门。如丁一当了东北行营副参谋长董彦平的中校秘书,田琛和关克到罗庆春的东北党务专员办事处,高亮则在新六军办的一个杂志部门里工作,石迪等人打入国民党的军事部门搞建军和情报,等等。[1]据高亮在《我的片段回忆》一文记述:"在长春被围困期间,我们的同志忍饥挨饿,不少人吃酒糟,一直和敌人作隐蔽斗争,我盟员郭尔清同志(新闻记者)不幸被国民党特务机关逮捕,狱中表现英勇不屈,始终未暴露组织,在长春第二次解放前夕,被杀害于国民党督察处。"[2]

此外,东北局社会部曾于 1946 年 4 月,派遣尚钦凯化装成国民党"接收大员",搞到了国民党吉林省先遣军总司令石坚的全权军事联络员李树林(东北保安军第五支队少将司令)的照片及其在长春的 3 个住址。民主联军解放长春后,立即将其逮捕,并通过其人供出先遣军建军情况及主要骨干 38 人。[3]

---

[1] 田琛:《"东北青年救亡"在长春》,《党在长春的地下斗争(1945—1948)》,中共长春市委党史研究室,1991 年版,第 129—130 页。

[2] 《党在长春的地下斗争(1945—1948)》,中共长春市委党史研究室,1991 年版,第 134 页。

[3] 《中国共产党在长春七十年》,长春出版社,1991 年版,第 109 页。

军事系统 主要是东北军区政治部九台前方联络站。负责人刘浩,主要成员有杨重、王立中、孙公达、陆飞、赵雄、俞元、詹玉佩、詹玉填等。主要任务是开展对六十军的工作。

为策动国民党军投诚或起义,陈光系统和东北军区政治部九台前方联络站刘浩等曾分别派员打入新七军和六十军做策反工作。1948年4月20日,李野光利用为孔宪荣夫人购机票赴南京奔丧之机,将周保中的亲笔信交给了曾泽生将军。信的内容是:[1]

　××兄大鉴:

　　蒋家小朝廷摇摇欲坠了……抗战创伤未平,故态复萌,忤天意而违民心,发动内战,再置人民于水火……当年护法,大北伐,以及抗敌期间的台儿庄血战,无一不流溅了三滇健儿的鲜血,滇军对国家、对民族,直至对蒋氏,都可以称竭忠殚力了,而蒋氏对三滇儿女的酬答却是炮轰五华山,血染昆明市!对其此类倒行逆施,背信弃义行径,闻者皆为切齿,受者能不伤心?蒋氏一贯排除异己……已临分崩离析之绝境……各地有识之士,纷纷响应革命……形成摧枯拉朽之势,其反动政权灭亡在即,倾巢之下,奚冀完卵?吾兄不辞关山万里,驻麾东北……数万家乡子弟之命运,唯兄是决……为国家人民而弃暗投明,大义昭然,所谓有负蒋氏……愿吾兄再勿徘徊……从速

---

[1] 邹世魁:《为解放长春而战斗的无名英雄》,《长春史志》第六期,1987年6月30日版,第20页。

举义,以符乡老之望……。

1948年春月

乡地周保中拜

刘浩还通过六十军军部副官处长杨重(中共地下党员)的联系,亲自会见了暂编二十一师师长陇耀,向他介绍了中共的政策及过去同龙云的统战关系。同时还说:"从个人关系讲,我们还是亲戚,我要为你着想,希望你为云南父老,为六十军数万官兵着想,站到人民一边来,同我们一道打倒蒋介石,打回云南去,解放全中国。"据刘浩回忆:陇耀听得很认真,一再表明打内战不是他自己的本意,大骂蒋介石不存好心。应陇耀的要求,吉林省军区放还了暂编二十一师被俘军官 200 余名,后来这些军官在六十军内部产生了积极影响。①

此外,受中共上海地下组织派遣,于 1946 年 10 月来长春的方传进以国民党吉林师管区副司令的军衔为掩护,利用与新七军军长史说是老同学、老同事、老朋友的关系为党做工作。1948 年 8 月,曾乘机出卡,向国城部队提供了长春国民党守军军情,并呈交了一份陆大第十期同学录。六十军起义后,曾多次劝说史说放下武器,为新七军投诚做了有益的工作。②

---

① 刘浩:《争取滇军工作的回忆》,《长春起义纪实》,吉林文史出版社,1987 年版,第 254—255 页。

② 方传进:《我在长春做地下工作的回忆》,《长春文史资料》一九八八年第二辑,第 428—432 页。

　　1947年9月下旬,原新四军司令部情报处城工室派遣干部张正平,奉命由山东莱阳转赴长春,接续新四军对国民党新七军暂编五十六师的地下工作,相机策动起义。10月中旬到长春后,即与五十六师中"MP"接上关系。"MP"是伪满军中部分进步官兵在1937年至1939年期间建立的"满洲人民抗日救亡社"的代称。张正平先后与金器之、李雪松、冷殿甲、张九福、李野光、李铁天、么兆民、白殿升等"MP"成员取得了联系。嗣后,建立了5个地工小组,发展下级军官26名。经过秘密布置和上级同意,制定了该师起义计划,后因六十军突然撤守长春,而未能实施。

　　1948年1月,张正平在头道沟东二条43号开设"富源长制米厂"进行掩护活动,摸清了长春守军的实力,获取了空运情况,通过暗中操纵米价,加速了守军粮食危机。6月3日,米厂被督察处特务包围,张正平的亲朋好友52人被捕入狱,经理李国栋、会计高博儒被特务秘密杀害于南岭。6月16日,张正平撤出长春,回到部队,任代理侦察科科长,在东郊三道林子负责敌情侦察和市内地下工作。①

　　除上述几个较大系统外,还有池镜川、翟飞、陈方、厉男、马声波等地工系统。他们以不同的身份活动于各个部门和人民群众之中,为解放长春贡献了力量。②

　　地工人员的派遣多数由各系统进行,但也有中共中央直接派

---

① 张正平:《MP——插进敌人心脏的利剑》,《长春文史资料》一九八八年第二辑,第174—202页。

② 《党在长春的地下斗争(1945—1948)》,中共长春市委党史研究室,1991年版,第7页。

遣的,如刘浩、孙亚明等。为了占领舆论阵地,中共中央决定派金山和张瑞芳等人到长春工作。光复后,为使"满铁"这个电影基地不能成为国民党的宣传工具,周恩来批准金山利用同国民党的上层关系,同张瑞芳以国民党"接收大员"的身份,于 1946 年 10 月由重庆来到长春电影厂。金山任国民党中宣部长春电影厂厂长,张瑞芳为特约演员。先后随金山到长影的还有张楠、王紫东等进步文艺工作者 20 余人。在当时物资极端贫乏的情况下,经过一年多的努力,拍成了《松花江上》《哈尔滨之夜》两个故事片和一部大型纪录片《看东北》。所拍影片突出了民族矛盾的内容,控诉了日本帝国主义对东北的侵略和东北人民的反抗,使国民党利用这个电影基地进行反共反人民宣传的企图未能得逞。[①]

解放战争时期,中共地工人员是插向敌人心脏的一把利剑,在内线斗争中用自己的鲜血和生命换来了春城的解放,人民将永远怀念他们!!!

第四节　根据地建设与支前活动

1946 年 5 月中旬,国民党军集中 10 个师的兵力,兵分三路向北进犯。四平失守后,为保存主力,摆脱被动与不利的地位,东北民主联军于 5 月 22 日撤出长春,28 日撤出吉林。在此前后,国民党国相继进占了双阳、农安、九台、德惠等地,并控制了松花江以

---

① 张瑞芳:《在长影工作的回忆》,《党在长春的地下斗争(1945—1948)》,中共长春市委党史研究室,1991 年版,第 276—277 页。

南的广大地区。

7月上旬,在哈尔滨召开了中共中央东北局扩大会议。7月7日,通过了《东北的形势和任务》的决议,号召共产党员走出城市,丢掉汽车,脱下皮鞋,换上农民衣服,不分文武,不分男女,不分资格,一切可能下乡的干部要统统到农村去发动群众,清除匪患,实行土地改革,建设与巩固革命根据地。

建立民主政权　东北光复后,长春周围的双阳、农安、德惠、榆树、九台五县曾先后建立了人民政权。国民党军进占长春以后,其反动势力曾扩展至农安、德惠、九台、双阳四县,唯榆树县为人民政权所控制。

榆树县位于吉林省北部,南邻舒兰,西接扶余,西南以松花江为界与德惠相邻,北、东与黑龙江省双城、五常相望,哈大公路从县内通过,是扼制南北满的战略要地。光复后,榆树县伪县长宋天人组织了"榆树县地方治安维持会",招兵买马,扩大地方武装,等待国民党的"接收"。1945年12月27日,东北人民自治军曹里怀部、田松部和吉林保安游击总队张清华部解放了榆树县,建立了人民政权。李隽任中共榆树县委书记,张华清任县长。全县划为10个区,相继建立了区、村人民政权。正当全县人民欢庆解放,进行民主改革的时刻,国民党军大举北犯,形势突变,榆树顿时成了前哨,与国统区隔江对峙。在敌强我弱的形势下,一些伪满残余、惯匪和反动地主武装趁机作乱,县属10个区中有6个区中队发生逃叛事件,一些干部和群众惨遭杀害,使县内局势十分混乱。为巩固榆树根据地,县委根据省委"县不离县,区不离区,村不离村"的精神,会同驻军剿匪反霸。经过两个月的时间,平息了叛乱,剿灭了大小股匪,保卫了人民政权。①

国民党军占据双阳、农安、德惠、九台以后,实行法西斯统治,人民处于水深火热之中。1947年年初,北满东北民主联军为策应和支援四保临江,曾三渡松花江,在各县人民的配合下,激战于其塔木、张麻子沟、焦家岭、城子街、靠山屯、四道沟等地,取得了四保临江的伟大胜利,为战略反攻奠定了基础。从1947年5月始,东北民主联军接连发动了三次强大攻势。在夏、秋季攻势中,东北民主联军于1947年4月15日解放了双阳,10月17日、18日分别解放了九台和农安,10月20日解放了德惠。至此,长春周围各县全部获得了解放,各县委和县人民政府又重新恢复和建立起来。

消除匪患 日本投降后,国民党为了争夺东北,利用"中央"的招牌,以"接收东北主权"的名义,网罗和收编了大批伪满军警和地主武装。这些土匪打着"国民党东北挺进军""东北先遣军"等旗号,到处攻打解放区的县城,杀害共产党的干部。国民党还唆使一些反动分子,采取"明当八路,暗当中央军"的策略,伪装革命,混入内部,乘机叛变革命,如榆树、九台、农安都曾发生过叛乱。1945年12月26日,时任中共农安县委书记兼县长和独立八团政委的刘德彪就被混进该团的敌伪分子所杀害。东北民主联军从四平撤退后,一些人认为共产党大势已去,于是榆树县弓棚

---

① 榆树县史志办公室:《解放战争时期榆树县根据地的建设》,《长春史志》第六期1986年11月30日版,第34—37页。

子、秀水的公安队和泗河、土桥及八号的联防队相继叛变,有的坐地为匪,有的到江西投靠了国民党军队。育民乡北新村恶霸地主蒋兴周纠合反动地主王松岩等组织起 180 多人的大排队,盘踞于六号"福兴永"烧锅大院,到处抢劫,为所欲为。刘庆三等勾结国民党杂牌军,夜袭大岭区政府,枪杀干部 2 名,抢去大枪 24 支,子弹 3000 余发,并打开拘留所,放走重要犯人。[①]

国民党军固守长春期间,德惠地处长春外围,土匪活动十分猖獗。当时,大股土匪有"火龙""老三点""小乐子"等,每个匪队都有上百人,多数都是马队。这些土匪,大都是国民党外围组织政治土匪和还乡团,他们流窜于长春外围,武器和弹药由长春补发,他们经常活动在德惠、农安两县边境,四处打家劫舍,无恶不作。

为了清除匪患,建立巩固的东北根据地,东北民主联军抽调一部分主力,配合发动群众,广泛开展了大规模的剿匪斗争。1946 年 5 月,榆树县委领导分别带领工作队员和县保安团,同驻军一起剿匪反霸。首先开赴弓棚子,经三小时激战,打垮了叛部李洪彬等 50 余人。在八号区,打垮了地主围子姜家窑,枪毙了首要分子胡雨精和姜老四。嗣后,在青顶山智擒了匪首迟勇,在所家屯和大窝堡屯分别活捉了"所阎王"所继武、"占中央"谢文斌,在义和屯剿灭了"九江霸"。经过一年的清剿反霸,消灭了大小股

---

① 榆树县史志办公室:《解放战争时期榆树县根据地的建设》,《长春史志》第六期,1986 年 11 月 30 日版,第 35 页。

匪,保卫了榆树根据地。[①]

德惠、农安、双阳、九台四县与长春相邻,是当时国共两军必争之地。在东北解放战争中,这里曾是"三下江南"战役的主要战场。国民党军龟缩长春前后,曾将周边地带村屯洗劫一空,使其成为土匪肆虐横行之地。上述四县重获解放之后,即开始了大规模的剿匪战斗。1947年2月初,长农武工队全力围歼活动在农安地区被国民党招降的土匪队,激战一日,毙伤俘匪计37名。据1947年11月20日《吉林日报》报道:"仅自上月29日至本月8日10天内,即收缴散匪步枪294支,短枪5支,轻机枪3挺,掷弹筒1个,自动步枪、冲锋式各1挺,弹药万余发,并俘匪40余名。现九台、德惠我新解放区内,已无大股土匪活动。"1948年9月,在德惠菜园子乡田家村后腰亮子屯剿匪战斗中,张怀珍队长、戴荣升排长等9人光荣牺牲,他们为保卫新生政权和解放长春,献出了自己年轻的生命。

剿匪反霸斗争的胜利,使广大的农村基层政权和农民的自卫武装得以建立和巩固,为发动群众,进行土地改革,彻底消灭封建地主阶级,奠定了坚实的基础。

实行土地改革 实行土地改革,是民主革命的基本任务,是彻底摧毁敌伪统治的经济基础的中心环节,只有解决农民的土地问题,革命根据地才可能建立和巩固。

土地改革村村点火,处处冒烟,普遍展开。然而由于各地解

---

① 徐凤池、刘国勤:《榆树县民主政权建立后的剿匪斗争》,《长春党史》1990年11月创刊号。

放时间不一,因而开始时间有早有晚。榆树县是个老区,从1946年6月中旬,县委委员便带领土改工作队进入了大岭区。当时土改大体经历了三个阶段:

一是反奸清算斗争,这是土地改革的前奏。汉奸、恶霸在日伪时期横行乡里,鱼肉人民。光复后,又同国民党反动势力相勾结,为虎作伥,无恶不作。他们在群众中大搞欺骗宣传,抹黑共产党的形象。因而群众对土改工作队的到来,采取怀疑、观望、疏远的态度。为了打开局面,工作队进村后,便首先访贫问苦,把行李搬到最穷最苦受压迫最深的贫雇农的窝棚中去,坚持住了三周,宣传中共的方针政策,启发他们的阶级觉悟,发现培养第一批积极分子,然后再通过这些根子在贫苦农民中串联,把贫雇农组织起来,成立农会,并依靠农会进行了反奸清算斗争。[①] 在"有仇报仇,有冤申冤,杀人偿命,欠债还钱"口号的鼓舞下,首先在城区发动群众清算汉奸、特务的罪行,并在双井子村组织群众分了伪锦州省省长姜泽人13垧逆产,使贫雇农有了地种。[②]

二是开展砍挖运动(即"砍大树"——指地主,挖地主的财宝)。为彻底摧毁封建势力,解决土地问题,县委通过清算地主的剥削手段和举办翻身教育展览会,对农民进行生动形象的阶级教育,提高了阶级觉悟。在全县开展了砍挖运动,向地主斗财宝,追浮产,挖地窖,刨老根。土桥区有个岗李家,是榆树、五常、舒兰三

---

① 吴介民:《农民革命风暴亲历记》,《吉北的曙光》,中共吉林省委党史工作委员会,1990年版,第443—444页。

② 邓力群:《党的政策是发动群众建设据地的生命线》,《吉北的曙光》,中共吉林省委党史工作委员会,1990年版,第376页。

县有名的大地主,三个县都有他的土地,共七八百垧。在砍挖运动中,有人认为他家分得差不多了。在深挖中,又挖出三四缸银元宝。经过砍挖运动,全县斗出物资约值30亿元,牲口6378匹,分土地11410垧,同时还起出50多条枪,破获了几起特务案件,挖掉了一些匪根。砍挖运动摧毁了地主的经济基础,而且从政治上打掉了地主的威风。[①] 在土改运动中,也出现过一些偏差。如打击面过宽,把富裕中农当作富农斗了。在运动后期,不得不进一步纠偏。

三是平分土地。平分土地是土地改革的最后步骤,是彻底改变农村土地所有制的根本方法。在平分土地中,榆树县委要求各区采取"召开雇贫农代表会议"的方法,部署平分土地。县委还提出了一些鼓舞群众,体现政策的口号。例如:"土地是命根子,百年大事要认真!""分地要按土地法大纲,人人同样一份才相当。""雇贫中农一家人,大伙合计把地分。""中农房地要尊重,少了补进多不动。""边分土地边上粪,加紧生产扎富根。"经过平分土地,全县65万人中有49万人分得土地31万垧。到1948年3月20日,全县土地改革全部结束。[②]

双阳土改始于1947年8月上旬,由解放较早的南部几个区逐步向北开展。经过八个多月的土改斗争,全县185000人分得土地92万亩,每人平均分得土地4~5亩。翌年4月初,在"不闲

---

① 邓力群:《党的政策是发动群众建设根据地的生命线》,《吉北的曙光》,中共吉林省委党史工作委员会,1990年版,第377页。

② 《吉北的曙光》,中共吉林省委党史工作委员会,1990年版,第379页。

一个人,不荒一垄地"的口号动员下,掀起了春耕生产高潮。① 九
台县的土地改革吸取了江东根据地在土改中出现的偏差,使土改
走上健康的轨道。根据九台县的具体情况,注意使土改运动与生
产相结合。在西部靠近长春的地区,那里的地主多数逃往长春,
在春耕之际只能粗略地将土地分给雇贫农和原来的佃户,谁种谁
收,秋后再平分土地。距离长春较近的前沿地区,进行得较晚。
长春市郊的土地改革自 1948 年 12 月中旬试点,至 1949 年 3 月
初基本结束,历时 75 天。

农村土地改革,是一场伟大的变革。在长春周围各县掀起的
翻身风暴,横扫了几千年来的封建剥削的土地制度,实现了耕者
有其田,从而调动了广大农民的积极性。为了保卫胜利果实,各
地又掀起了参军、支前的备耕热潮。

参军支前 1947 年 1 月,在有名的"三下江南"战役开始时,
中共榆树县委和县民主政府在东北局战勤动员委员会的领导下,
在县城和秀水设立了大兵站,并分别在向阳泡、泗河城、大岭等处
设立了小兵站,负责战勤动员,物资输送,接待过往军人和伤员的
护理工作。五区 74 岁的王老太太,悉心照护伤员,被誉为"伤员
之母"。在她的影响下很多妇女参加了护理工作,当时流传着"住
医院、上榆树"的佳话。② 在这次战役中,该县出动担架 5800 副,
民工 3.4 万(次),大车 3300 辆。在其塔木战斗中,秀水区担架队

---

① 《长春史志》第三、四期,1986 年,第 61 页。
② 榆树县党史办公室:《榆树人民在解放战争中的参军支前活动》,《长春党史资料》第三辑。

队员闫文全和部队一起战斗,冒着生命危险运送炮弹,受到表扬。向阳区民工王景林等人,用扁担俘虏国民党兵5人,缴获美式枪若干支。在三年解放战争中,全县共有16690名青年参加了主办部队,共出动民工11万多人,工日近270万个,出动担架2万多副,大车1.9万多台(次),动员马力4万多匹(次),接待前方伤员2000余名。1947至1948年,仅榆树县交公粮就达96233吨,有力地支援了解放战争。①

经过土地改革以后,在"保家保田"口号的影响下,九台县掀起了参军支前热潮。仅据1947年10月至1948年年底统计,全县就有5889名青壮年参加了人民军队。在三年解放战争期间,九台县人民共支援军粮72833吨,军草约3万吨,军鞋近6万双,肥猪3000余口。② 农安县仅10天即有1460名青壮年参军上前线。

为配合对长春的军事围困,中共双阳县委和县政府将长春外围50华里内,双阳县所属劝农区、奢岭区和新安区一部分村屯划为军事戒严封锁区。在封锁区内,各村都成立了联防缉查队,组织了自卫队、妇女会、儿童团站岗放哨,严密盘查过往行人,禁止一切物资流入市内。③ 县委还规定:"严格管制刘家店、奢岭口子、新安堡三市集,建立粮站,实行粮食统治,专买专卖,取消新立

---

① 《吉北的曙光》,第380页。《长春党史资料》第三辑,第183—185页。

② 九台县史志办公室:《九台人民支援解放战争的贡献》,《长春党史资料》第三辑。

③ 双阳县史志办公室:《双阳人民在解放战争中的参军支前活动》,《长春党史资料》第三辑。

城市集",从而有力地配合了对长春市的经济封锁。①

在参军支前活动中,各地涌现出了一大批英雄和模范人物,他们的事迹激发了人民群众的支前热潮。榆树县在支前中,因对伤员招待护理工作成绩突出,于 1947 年 1 月 22 日受到东北行政委员会通令嘉奖。在围困长春期间,九台地处前沿,为实现战勤任务,共出动大车 4039 台,担架 337 副,民夫 21359 人,为解放长春作出了贡献。双阳县石溪区常家沟村妇女主任王耀美为支援驻军用粮,组织全村妇女 3 天时间用 17 盘碾子磨米 3 万多斤。德惠县王兆信,是当时远近闻名的支前模范。为支援解放战争,在当时动员参军有一定困难的情况下,她带头把长子刘青年交给了部队,并鼓励儿子安心服役。她不仅带头送子参军,还动员了董运新、刘景年等十几名青壮年参军参战,并带领乡亲们选好粮支援解放战争,曾被县政府评为"征粮模范"。同时,还出色地完成了军鞋和晒干菜任务,受到部队和政府的表彰。②

据德惠县县志记载:老板们坐在公粮车上,欢天喜地唱着"大家都来纳公粮,看看谁比谁的强,战士吃了有力量,打的老蒋束手降"。这首民歌如实地反映了贫苦农民翻身后的喜悦和支援解放战争的巨大热情。

---

① 《围城简报》第一期,第 35 页。

② 德惠文史资料研究委员会编印:《德惠文史资料:纪念德惠解放四十周年专辑》,1987 年,第 120—122 页。

第五节　培养干部的摇篮
——长春学院与吉北联中

国民党军进占长春以后,镇压学生,屠杀革命志士,使青年学生进一步看清了国民党腐朽的反动本质。在两种命运和两种前途的抉择中,长春大学、松北联中和其他一些学校的学生,冒险穿越岗哨,毅然投奔了解放区,立志为国家和民族贡献自己的青春。

从 1947 年 11 月开始,长春青年学生陆续投奔九台县。12 月 25 日,九台县政府在小河沿成立了专门接待学生的招待所。到 1948 年 1 月份,学生已增至 80 名,遂将招待所改名为学生大队。同年 4 月 12 日,经东北局批准,成立了长春学院。院址位于九台县近郊小河沿的 3 个大院,这里溪流环绕,绿树成荫,环境幽静,是一个学习的理想场所。开学之时有学生 116 名。院长由松江省主席冯仲云兼任,杨超主持日常工作,学院由长春工委领导。院下设教导处和总务处,负责全院的教学和后勤工作。

长春学院是一座培养革命干部的熔炉,是指引青年走向革命之路的灯塔,是一座"抗大"式的学校。长春青年得知九台成立长春学院后,纷纷奔向九台,到 7 月 10 日为止,前后共收学生 450 人。其中一部分学生经短期学习,就被调出工作,在册学生有 280 人。在这些学生中,文化程度参差不齐,年龄结构大小不一,既有吉林、辽宁、黑龙江人,也有河南、山东、陕西、浙江人。学生分编在 4 个班中,班下分组。宿舍是教室,露天是课堂,尽管物质条件十分贫乏,但学生们充满了革命的激情。

学习大体经历了三个阶段。第一阶段计 37 天,主要是人生观的启蒙教育,树立正确的学习态度。第二阶段计 52 天,主要是学习时事政策。第三阶段计 95 天,主要是通过对吉林市的户口调查,参加实际斗争,为解放长春做好准备。[①] 据李天成回忆:在吉林市户口调查中,"我们的工作是不分昼夜的,白天要深入群众中去,挨门串户,了解调查。吃过晚饭后,就要开会,听取组员汇报,汇总情况,分析问题。每天工作不少于 12 个小时","学员到了吉林,还都不是干部,除了吃、穿两项由公家解决外,连零用钱都没有。生活是清苦的,工作是紧张的,思想是向上的,精神是愉快的"。[②] 除户口调查外,还组织学生参加了长春守军兵力部署图的绘制工作;有的往返于九台和长春之间,对国民党军进行瓦解宣传活动;有的做了一段审查和遣返国民党军俘虏的工作;有的深入农村,访贫问苦,或帮助翻身农民进行生产劳动。[③] 上述革命实践,使学生们进一步确立了革命的人生观,增长了才干,为解放长春培训和储备了干部。后来,有的随军南下,有的去东北大学、吉林工专深造,而大部分则在长春解放时进入长春,分配在党、政、群、工、商、学、文各条战线上,成为长春市干部队伍中的中坚力量。

吉北联中创建于 1947 年年初,是一所新型的完全中学。它

---

① 长春学院院史编委会:《长春学院简介》,长春市档案馆档案历 20-1-555 号卷。

② 李天成:《雷鸣中的歌声》。

③ 王磊:《暴风雨中的长春青年》,长春市青运史工作委员会,1989 年版,第 276 页。

的前身是榆树两级中学和榆树女子师范学校。学校的宗旨是培养学生成为有政治觉悟，有文化素养的革命人才，为解放战争、土地改革和解放区建设服务。在教育上，注重"政治教育与文化教育相结合，学校教育与社会教育相结合，理论与实践相结合"。在学习文化知识的同时，学生也参加解放区的反封建、斗地主的土改运动，参加征粮、丈量土地等社会实践，在斗争中受到锤炼。吉北联中先后为东大、军大、医大输送新生94名，为军干校、青干校、航校等输送干部111名，为财政、工交、公安、文教卫生等各条战线输送干部316名，从学校直接参加东北民主联军的有195名。① 吉北联中虽然只存在短暂的一年，但却为革命队伍培养输送了急需的人才。

---

① 徐凤池、赵冠石：《吉北青年革命的摇篮》，《吉北的曙光》，中共吉林省委党史工作委员会，1990年版，第408—411页。

第七章　解放长春

第一节　战略决战与长春战局

　　1948年7月，中国人民解放战争历经两年的艰苦奋战，已由战略防御转入战略进攻。人民解放军总兵力已由120余万人增至280余万人，而国民党军的总兵力已由430万人减少为365万人，其中用在第一线的只有174万人，并被分别牵制于东北、华北、华东、中原、西北五个战场上，不得不由"全面防御"转入"重点防御"。这种有利于解放军而不利于国民党军的态势，为战略决战提供了有利的时机。1948年9月7日，毛泽东在给林彪、罗荣桓、刘亚楼的电报中指出："今年九月至明年六月的十个月内，你们要准备进行三次大战役"，而且把第一大战役确定在东北战场上的锦、榆、唐一线。[①]

　　东北战场，经过人民解放军夏、秋、冬三大攻势，国民党军已被消灭57万人，虽然尚存4个兵团，14个军，44个师，加上地方武装计有55万人，但已元气大伤，并被分割包围在长春、沈阳、锦

[①]《辽沈决战》，人民出版社，1988年版，第68—69页。

州三个互不联系的狭小地区,处境十分不利。当时,国民党"东北剿匪总司令"卫立煌坐镇沈阳及铁岭、新民、抚顺、辽阳诸县,统兵30万。"剿匪副总司令"兼一兵团司令郑洞国固守长春,统兵10万。"剿匪副总司令"兼锦州指挥所主任范汉杰以锦州为中心,分别据守义县、锦西、葫芦岛等地,统兵15万。国民党军虽然仍具有一定实力,但由于孤立无援,因而丧失了整体的优势,撤则失地,守则被歼,何去何从,长时间犹豫不决,举棋不定。和国民党军相反,东北人民解放军已有雄兵百万,在战争中学会了攻坚战术,不但能够打运动战,而且能够打阵地战。经过5个月左右的休整、练兵,求战心切,士气更加高涨。再加上建立了巩固的后方,兵源、粮源充足,使东北人民解放军占有明显的优势。东北战场上双方力量和条件的对比,已经形成了对解放军有利的局面,因而中共中央和毛泽东毅然决定将决战方向首先指向东北国民党军,是一着深谋远虑的胜算。

如何消灭东北国民党军,早在冬季攻势尚未结束之际,毛泽东在致电林、罗、刘时就曾指出了"封闭国民党军在东北加以各个歼灭"的战略设想。1948年3月初,国民党六十军撤守长春以后,长春已孤悬于解放区的后方,处于"四面楚歌"的境地。为解除后顾之忧,东北局和东北人民解放军总部于4月18日决定先打长春。4月22日,在取得中共中央军委同意后,遂于5月下旬以两个纵队试打长春,但由于没有实现预期目的,从6月25日开始,对长春采用"久困长围"的方针。同年7月,东北局决定除留一部分主力围困长春外,大部主力南下作战。根据中央军委指示,南下作战的目标"应当首先考虑对锦州、唐山作战,只要可能就应攻取锦州、唐山,全部或大部歼灭范汉杰集团,然后再向承德、张家口打傅作义",①并要求东北人民解放军迅速出动。8 月 11 日,林彪以大军南下粮食无法解决,河水暴涨,铁路、汽路冲毁甚多,并提出华北人民解放军牵制傅作义部为由,而迟迟未能确定南下时间。直至 9 月 3 日,才决定挥师南下,但仍置重兵于新民、沈阳及长春之间。9 月 7 日,毛泽东致电林、罗、刘,指出:你们应当使用主力于锦州、山海关、唐山一线,而置长春、沈阳两敌于不顾,并准备在打锦州时歼灭可能由长、沈援锦之敌。为此,要求东北人民解放军:(一)确立攻占锦、榆、唐三点并全部控制该线的决心。(二)确立打你们前所未有的大歼灭战的决心,即在卫立煌全军来援的时候敢于同他作战。(三)为适应上述两项决心,重新考虑作战计划并筹办全军军需(粮食、弹药、新兵等)和处理俘虏事宜。②根据中共中央军委的指示,东北人民解放军集中 12 个纵队和 1 个炮兵纵队,连同地方武装共 53 个师,计 70 余万人,在东北人民的支援和全国各解放区的配合下,发起了北起长春,南至锦、榆、唐一线震惊中外的辽沈战役。

为了麻痹国民党军,大造攻打长春的声势,林、罗、刘于 9 月 15 日电示一兵团:"在敌人对我整个企图尚未判明前,我长春围城部署暂勿变更,以使敌不过早判断我正式攻北宁线企图,待敌

---

① 《辽沈决战》,人民出版社,1988 年版,第 113 页。
② 《辽沈决战》,人民出版社,1988 年版,第 69 页。

判明后再动"。① 东总于 9 月 18 日"令六纵以一部利用敌机来回飞行之机会,公开向长春前进,使敌不易判明我之动向,并于××日令长春围城部队延几天再行调整部署,使敌误以我仍攻长春"。② 9 月 19 日,"令六纵向大南屯前进时以白天走,并尽量对空暴露目标,以迷惑敌人"。③ 9 月 21 日,"六纵令十七师五十一团在四喜路往返迷惑敌人"。④

1948 年 9 月 12 日,根据中共中央军委指示,东北人民解放军总部于本日全面发起辽沈战役,并首先在北宁路山海关唐山段打响。辽西会战开始后,长春国民党守军惊恐万状,希图于解放军南下之机,孤注一掷,拼死向沈阳突围。9 月 16 日,东北人民解放军第一兵团向围城部队下达了防止国民党守军突围的电令,并提出了 3 个打击突围国民党军的方案。要求参战部队进行梯次配置,进行阻击、侧击和追击,在运动中消灭之。9 月 30 日,东北人民解放军第一兵团估计长春国民党守军可能向伊通、双阳、梅河口方向或沿中长路突围,因而对围城部队再次进行了部署:

(1) 独七师以一个团及侦察部队担任上下水塔、班家营子、杨家粉房,主力及炮四团之炮兵营集结于桑家窝堡、驿马站以西以北地区。注意能以炮火切实封锁机场。

---

① 《阵中日记》,中共党史资料出版社,1987 年版,第 928 页。

② 《阵中日记》,中共党史资料出版社,1987 年版,第 938 页。

③ 《阵中日记》,中共党史资料出版社,1987 年版,第 945 页。

④ 《阵中日记》,中共党史资料出版社,1987 年版,第 955 页。

与独八师交待警戒任务后,全部集结于新安堡附近待机。

(2)独十师由一个团级干部率一个营及侦察部队担任绿园及上下石虎沟之警戒,并归独七师指挥。师部率主力集结于范家屯东南五台子、景家台(主力靠景家台)。

(3)独立师及独十一师一个团,以一个团为侦察部队,担任孟家屯、丁家窝堡至习家山一线警戒一师率三个团及炮四团一个野炮营集结于长春堡南之马家岭、东西马家店。

(4)独九师以一个团及侦察部队担任小河沿军官学校、杨家店及石碑岭一线之警戒,师率主力集结于奢岭口子附近。

(5)独十一师(欠一个团)是准备进城部队,以一个团及侦察部队接替独八师陶家窝堡、十里堡至钱家堡一线警戒,师率另一个团位兴隆山附近。

(6)聂[鹤亭]部以有力之一个团位于朝阳山、公主岭、二十家子一线,另以一个团控制伊通至通丹站、恒头营子、大孤山子一线有利阵地,以阻滞突围之敌,主力则集结于二十家子、靠山镇至伊通线南北地区。

(7)兵团司令部在四家子。①

从上述部署中可以看出,从长春至沈阳一线,人民解放军已布下了天罗地网,即或国民党军破釜沉舟死命突围,也是"沉水入

---

① 《阵中日记》,中共党史资料出版社,1987年版,第1009—1010页。

火,自取灭亡"。

正当辽西战火纷飞,炮声轰鸣,硝烟弥漫之际,10月2日蒋介石"御驾亲征"沈阳,调兵遣将,令郑洞国率部突围,妄图挽回败局。

郑洞国为实现突围南下,曾亲自到洪熙街查看地形,组织所部演练急行军、夜行军,杀了走不动的马匹,每人发了三天的军粮,把军官家属集中于海上大楼,准备孤注一掷。10月3、4两日,新七军新三十八师和一八二师向绿园一带出击,企图占领大房身机场,进而在增援部队或飞机接应下突围。4日下午,郑氏又命六十军暂二十一师派一个团的兵力助攻。以后在长春西郊又打了三天,由于饿兵困将伤亡惨重,只好龟缩在城内。用郑氏的话说:"任凭我和各级官长亲自督战,士兵们也不肯卖命","我知道,此番突不出去,也就再无生机了"。①

第二节　六十军起义

辽西会战的炮声,震撼着东北大地,东北国民党军赖以支撑的三足鼎立局面,开始向锦州倾覆。孤悬于解放区后方的长春国民党守军预感到末日的来临,军心浮动,各思出路。

据曾泽生军长撰文回忆:"当时,摆在第六十军面前有三条路:一是死守长春,其结果是城破军亡;二是向沈阳突围,其结果

---

① 郑洞国:《困守长春始末》,《新七军投诚》,《长春文史资料》一九八八年第二辑,第220页。

是被解放军歼灭在长春到沈阳的路上;三是反蒋起义,参加革命,向人民赎罪,这是条活路。究竟走哪一条路呢?这是当时整天盘旋在我脑际的问题,也是盘踞在每个人心里的问题。"①从"助桀为虐"到走向光明,对于"以服从为天职",并握有一军之权的曾军长来说并非易事,这是由受信任到被歧视,由一统全军到处处被分割,由挥师北上到固守孤城,经过痛苦的回忆、矛盾和斗争,反复的思索及国共双方力量的对比之后,所做出的明智抉择。

曾军长早年毕业于云南讲武堂,历任营长、团长、师长,是一位标准的旧军人,深得上峰的赏识,在官兵中也有一定资望。抗战时期在台儿庄会战中,夜袭敌营,立下了战功。抗战胜利后,奉命率部入越南受降,同时晋升为六十军军长。就在六十军和九十三军在越受降之际,蒋介石制造了"五华山事件",授命杜聿明端了龙云的老窝,曾泽生从此对蒋怀有戒心。1946年4月,两个军从越南海运东北打内战之时,六十军被分割使用于中长线,处于被动挨打的地位。5月30日,一八四师师长潘朔瑞率部在海城举行反蒋起义,曾泽生深受震动,感到忧虑和不安,但并未幡然悔悟,弃暗投明,只是怕影响"军誉"和怕蒋、杜借故将所部编掉。此后,由于蒋、杜的许愿、笼络及国民党军在军事上取得的暂时优势,曾错误地认为还是国民党有力量,六十军有希望。② 六十军移驻吉林市以后,受到国民党吉林省主席梁华盛的多方排斥和刁

---

① 曾泽生:《长春起义纪事》,《辽沈战役亲历记》,文史资料出版社,1985年版,第306页。

② 乔景轩:《回忆曾泽生军长》,《长春起义纪实》,吉林文史出版社,1987年版,第392页。

难,所部师团又多次受到民主联军的重创,由于上下受气,损兵折将,因而忧虑重重。1947 年 9 月,蒋介石派云南省主席卢汉来吉林市"抚慰滇籍官兵",同时委任曾泽生兼任吉林守备军司令,又让蒋经国飞赴吉林,进行空中通话慰问。这一切,都使曾泽生感到受宠若惊,对蒋介石仍抱有幻想。

1948 年 3 月,东北"剿总"总司令卫立煌令六十军撤守长春,曾泽生当即建议同时放弃长春缩短战线,集中兵力于辽西,与解放军决战。① 曾氏的这一着棋,要比卫氏高明得多,说明曾氏仍效忠于蒋家王朝。六十军撤到长春以后,蒋介石大加贺勉,同时晋升曾泽生为第一兵团副司令。蒋介石这一拉一打的策略,果然奏效,基本上稳住了六十军。

解放军围困长春以后,六十军处境日渐险恶,与新七军相比,一个装备优良,一个装备陈旧;一个吃的是大米白面,一个吃的是黄豆加高粱米;一个是美式着装,一个是花子兵。时称六十军为"六十熊",可见是熊到家了。六十军受尽了国民党中央和嫡系部队的窝囊气,已怨恨日深,官兵上下,已到了"是可忍,孰不可忍"的程度,但为什么不立即走反蒋起义的光明之途呢? 用陇耀的话说:"其主要原因是第六十军是卢汉亲手培植起来的部队,是云南地方统治势力的政治资本。滇军是蒋介石和卢汉之间政治交易的抵押品。""滇军的将领都是卢汉一手提拔起来的,对卢汉怀德报恩,即使粉身碎骨,亦所不惜。人人抱着'可以叛蒋,不能叛卢'

---

① 陇耀:《吉林撤退和长春起义》,《辽沈战役亲历记》,文史资料出版社,1985 年版,第 322 页。

的信念。因此，尽管内受蒋介石中央军的排挤打击，外受解放军的进攻包围，内外交困，艰险重重，前途暗淡，但仍含垢忍辱，任劳任怨，惨淡经营。即使在困守长春，弹尽援绝，杀马烹犬，勉强度命的严重关头，也仍然死力挣扎，以期维持云南政治局面的稳定，不负于卢汉而后已。对于国家的民族大义则茫然置之度外，致使共产党的争取工作经历了漫长曲折的道路。但共产党的政策影响，却已在第六十军播下了思想的种子，时机成熟，就会发芽滋长。"①曾泽生忧虑的另一点则是怕由于反蒋起义，而连累云南的父老。因为一八四师海城起义后，云南国民党当局立即查封了一八四师将领的财产，并以各种手段迫害他们的家属，这使曾泽生不得不考虑后顾之忧。

然而形势的发展，不得不迫使六十军官兵做出最后的抉择。在长达 5 个月的军事围困、经济封锁和政治攻势下，长春国民党守军已是军心沮丧，饥饿不堪。这支饿军别说是突围打仗，就是行军走路也非常困难。辽西会战开始以后，东北的国民党军已呈被包围的局面，六十军已逼近绝路，这就迫使曾泽生必须丢掉幻想，走向光明。

9 月 22 日晚 9 时，曾泽生召集暂编二十一师师长陇耀和一八二师师长白肇学到军部密商起义大事。曾、陇、白三人平时披肝沥胆，无所不谈。曾当即提出了反蒋起义的主张。陇耀听后很激动，就直率地说："我早就想着你会这样决定！我们六十军，这些

---

① 陇耀：《吉林撤退和长春起义》，《辽沈战役亲历记》，文史资料出版社，1985 年版，第 326 页。

年受国民党嫡系的气太多了。排挤、歧视、分割、监视,装备坏,待遇低。送死打头阵,撤退当掩护,赏是他们领,过是我们背。这样的窝囊气我早就受够了。我拥护起义!"①而白肇学则提出放下武器,解甲归田的消极意见。翌日清晨,曾泽生再次做白肇学的思想工作,白表示:"军座,我赞成你!"从 9 月 22 日至 10 月 13 日,曾、陇、白先后就出城联系的人选,全军官兵的心理状态,起义时间,如何对付新七军,起义的具体部署等问题,举行了七次密商,并就起义行动问题作了以下决定:"第一、14 日晨派张秉昌、李峥先为代表,②持信前往解放军方面接洽;信由白师长起草,我们三人亲笔签名。由陇耀布置张、李出城;第二、接洽妥当后,预定于 16 日夜开始行动,除另有指示外,应采取积极行动向新七军布防;第三、布防完毕后,对其上级送信警告,对其士兵用喊话方式,说明本军意志;第四、对暂编五十二师,由第一八二师和暂编第二十一师各以一营兵力加以监视,并先行扣留其师长、团长,然后挟制该师就范;第五、派纠察队维持市区治安,并由各部派员宣传、安抚,使之镇静;第六、处置好伤病及后方人员。"③

　　10 月 14 日,在人民解放军向锦州发起总攻之日,曾泽生、陇耀、白肇学当机立断,派张秉昌和李峥先携带三人的联名信,到穷

----

　　① 曾泽生:《长春起义纪事》,《辽沈战役亲历记》,文史资料出版社,1985 年版,第307 页。

　　② 张秉昌、李峥先原系六十军一八四师五五一团团长、副团长,在梅河口战斗中,被解放军俘获,后经教育表现较好,放回城内做工作。

　　③ 曾泽生:《长春起义纪事》,《辽沈战役亲历记》,文史资料出版社,1985 年版,第307 页。

岗子人民解放军第一兵团政治部前方办事处联络起义问题。15 日,东北人民解放军第一兵团司令员肖劲光同意接谈,并告诫要做两手准备。16 日,兵团政治部向张秉昌、李峥先传达了兵团的五点意见:一是表示欢迎六十军起义,但指出,如果不是真心起义,而想突围,我方将采取行动坚决消灭之;二是六十军下定决心起义,应立即调转枪口,沿长春中山大街(六十军和新七军防区的分界线)对新七军和郑洞国的东北副"剿总"司令部布防;三是准备配合我军消灭新七军;四是建议曾泽生军长用召开紧急会议的办法,把蒋介石配属六十军的暂编五十二师师长李嵩(军统)及其三个团长扣押,强制该师服从指挥,以防意外;五是要曾泽生、陇耀派李佐、任孝宗为正式代表出城商谈。① 然后,兵团政治部即派车送张秉昌和李峥先回去复命。

　　10 月 15 日,锦州大捷,全歼范汉杰部 10 万余众。从此,人民解放军关闭了东北的大门,为辽沈决战的胜利奠定了基础。

　　10 月 16 日,长春晴空万里,正午 12 时左右,国民党空军两架 P51 飞机在中正广场(今人民广场)附近,投下了带有红布标志的封筒一件,内有"国防部代电"及蒋介石给郑洞国的亲笔信,这是蒋给郑下的第三道突围手令。电文如下:

　　　　长春郑副总司令洞国并转曾军长泽生、李军长鸿:酉
　　灰手令计达,现匪各纵队均被我吸引于辽西方面,该部应

------

① 刘浩:《争取滇军工作的回忆》,《长春起义纪实》,吉林文史出版社,1987 年版,第262 页。

遵令即行开始行动。现机油两缺,尔后即令守军全成饿
殍,亦无再有转进之机会。如再迟延,坐失机宜,致陷全
盘战局于不利,该副总司令、军长等即以违抗命令论罪,
应受最严厉之军法制裁。中本删日已来沈指挥,希知照。
中正手启。①

"亲笔信的内容与电令大致相同,内称已派二〇七师去清原
接应,务必率长春守军突围,否则将不能等候矣。"②郑洞国接到
"总统手谕"之后,即电话通知新七军和六十军的军长及兵团正副
参谋长速到官邸开会。曾泽生此时正在吃饭,接到郑的紧急电话
后,心中顿生疑惑。因为按原计划,去解放军联络起义的张秉昌
和李峥先应于15日下午返回,而时至如今尚无消息,曾担心张李
二人是否被新七军抓去而走漏了风声。为了预防万一,曾泽生电
话陇耀和白肇学:"在我未回来以前,就是天塌下来,你俩都不许
离开部队。郑洞国如将我扣留,你们仍按原计划行动"。③ 曾泽
生做了最坏的打算。曾到达兵团后,当时的心情是"我怀着忐忑
不安的心情走进去,准备迎接最坏的事情,而表面上依然装得镇
定自若"。④ 当得知是看"代电"时,一切担心,"已全然消失"。郑
当即决定17日四面出击,18日突围。曾表示"一切都听从司令官
决定"后,即告退回防区。

---

① 郑洞国:《困守长春始末》,《长春文史资料》一九八八年第二辑,第221页。
② 郑洞国:《困守长春始末》,《长春文史资料》一九八八年第二辑,第221页。
③ 曾泽生:《长春起义纪事》,《辽沈战役亲历记》,文史资料出版社,1985年版。
④ 曾泽生:《长春起义纪事》,《辽沈战役亲历记》,文史资料出版社,1985年版。

16 日傍晚,张秉昌和李峥先顺利返回六十军军部,向曾军长报告了"解放军欢迎我们起义"的喜讯。曾立刻电话陇、白二位师长,并决定派一八二师副师长李佐和暂编二十一师副师长任孝宗正式代表六十军出城与解放军商定起义具体事宜。同时,曾泽生亲往上述两个师,进行起义发动,并及时扣留了暂编第五十二师师长李嵩及一、二团团长,命副职听从指挥,率部一起行动。

李佐和任孝宗带着蒋介石给郑洞国的手令和"国防部代电"及郑洞国的突围计划,到达了解放军驻地。唐天际主任向他们转达了兵团领导的意见:欢迎第六十军全体官兵起义,起义后的待遇完全同解放军一样;六十军不必参加解决新编第七军的作战,由解放军在接收六十军防务后,再解决新编第七军;六十军按照指定路线,开赴九台进行休整。[①] 双方谈妥之后,刘浩作为解放军的代表随同第六十军代表一起进城。

16 日晚是个不眠之夜,在六十军即将起义的前夕,曾泽生在裕昌源面粉厂临时指挥所的烛光下,给郑洞国和李鸿各写了一封信,想规劝他们共襄义举。给郑洞国的信原文是:[②]

桂庭司令钧鉴:

　　长春被围,环境日趋艰苦,……内战之残酷,目击伤心。今日时局,政府腐败无能,官僚之贪污横暴,史无前

---

① 沈阳军区《围困长春》编委会编:《围困长春》,吉林文史出版社,1988 年版,第 217 页。

② 曾泽生:《长春起义纪事》,《辽沈战役亲历记》,文史资料出版社,1985 年版。

例。豪门资本凭借权势垄断经济,极尽压榨之能事,国民经济崩溃,民不聊生。此皆蒋介石政府祸国殃民之罪恶,有志之士莫不痛心疾首。察军队为人民之武力,非满足个人私欲之工具,理应救民于倒悬。今本军官兵一致同意,以军事行动,反对内战,打倒蒋氏政权,以图挽救国家于危亡,向人民赎罪,拔自身于泥淖。

公乃长春军政首长,身系全城安危。为使长市军民不作无谓牺牲,长市地方不因战火而糜烂,望即反躬自省,断然起义,同襄义举,则国家幸甚,地方幸甚。竭诚奉达,敬候赐复,并祝

戎绥!

曾泽生敬启

17日清晨,郑洞国看完信对信使说:"曾军长要起义,请他自己考虑,要我和他一路,我不能干!"同日上午,郑委派兵团副参谋长杨友梅、吉林省政府秘书长崔垂言和长春市市长尚传道前往六十军防区会晤曾泽生,希望"从长计议"。曾泽生说:"我们什么都计议好了,就是反蒋起义!"三位说客讨个没趣,本想继续纠缠,结果被下了逐客令。曾泽生返回裕昌源后,会见了解放军代表刘浩。刘浩说:"解放区军民,正忙着准备欢迎你们呢!"当日下午,曾军长在刘浩的陪同下,前往解放军一兵团政治部,受到唐天际的热烈欢迎。在有关防务交接商定后,曾泽生又返回指挥所进行具体部署。是日夜,解放军悄然进城,六十军同时撤出城外,开赴

215

九台休整待命。

18 日晨,蒋介石派飞机轰炸了原六十军防区,但已阻止不了六十军广大官兵反蒋起义,走向光明的决心。中午时分,当六十军起义官兵行至卡伦时,肖劲光司令员、肖华政委、唐天际主任等在兵团政治部热烈欢迎六十军起义将领曾泽生、陇耀、白肇学等人。以后,这支部队奉命改编为中国人民解放军第五十军,完整地纳入了解放军序列。

第三节　新七军投诚

1948 年 10 月 16 日下午,正当六十军与解放军洽商起义之际,国民党第一兵团司令官郑洞国正在召集两军将领,按照蒋介石的手令进行突围部署,曾泽生则委派参谋长徐树民参加。会议在沉闷的气氛中进行,往日那种趾高气扬的劲头已全然消失,各军将领明知不可为,而强要为之,只好听从司令官的最后决定。郑洞国以忧郁的心情表示:"总统既然决心要我们撤退,我们就只好走吧!"[①]在兵团副参谋长杨友梅策划下,决定将长春守军分为两个纵队向清原转移。左路纵队由六十军担任,右路纵队由新七军担任,两路纵队定在当日午夜时分同时突围。入夜,新七军各师、团已开进指定位置。正当新七军在紧锣密鼓中准备突围之时,传来了六十军起义的消息。这消息如五雷轰顶,使这些将军

---

① 郑洞国:《困守长春始末》,《新七军投诚》,《长春文史资料》一九八八年第二辑,第 223 页。

们感到震惊、沮丧,一筹莫展。郑洞国遂下令撤回原防,中止突围行动。

六十军光荣起义,使国民党军在长春的整个防御体系一劈两半,国共两军隔街对峙,枪口对枪口,国民党军欲逃无路,欲守不能,除了起义或投诚,都是死路。在兵团部的核心圈内,除郑洞国、军统特务头子项乃光、吉林省政府秘书长崔垂言及蒋介石的两个督察官等少数顽固分子力主突围外,其他将校官佐及政府要员,则各有各的打算,千方百计地寻找一条生路。国民党第一兵团司令官郑洞国何以顽固至此呢? 郑洞国在其回忆的文章中,表述了当时的心情。他说:"此刻若要我同曾将军一样起义却是困难的。因为我跟随蒋介石先生几十年,多重关系将我们系在一起:在黄埔军校他是我的师长,在军队中他是我们最高统帅,在国民党内他是我的领袖。我作为他的亲信将领,一向受其信任和器重,对于这种'知遇'之恩,我无时不铭刻肺腑,唯恐在这最后关头而临阵起义落下个'卖主求荣'的坏名,故宁愿死心踏地地顽抗到底"。①

17日晨,当郑洞国接到曾泽生规劝其"共襄义举"的亲笔信后,对六十军信使冷冷地说:"请你回去转告曾军长,他要起义,请他自己考虑;要我和他一路,我不能干!"②同时,又吩咐崔垂言和市长尚传道迅即焚毁省市政府的重要档案,并下令将兵团部迁至中央银行,做破釜沉舟的准备。

----

① 郑洞国:《困守长春始末》,《新七军投诚》,《长春文史资料》一九八八年第二辑。

② 郑洞国:《困守长春始末》,《新七军投诚》,《长春文史资料》一九八八年第二辑。

17日上午，郑洞国曾召集新七军师长以上军官会议，由于别无良策，只好怏怏而散。当日下午，沈阳电令务于18日突围，郑氏随即召开军政要员会议。会上唯有崔垂言、项乃光等坚持要突围，而新七军副军长史说则表示："现在突围是突不出去的，不过是又要无辜地死伤几万人罢了"。此时，项乃光、崔垂言两人用手指着史说的脸厉声责问："我们必须突围，拖也要拖到长白山打游击，难道新七军就这样无用吗？"①于是史说愤然离去，会议不欢而散。

17日晚，解放军代表刘浩通过电话对郑洞国说："我是解放军的代表。现在长春的局势你是知道的，我们的政策是，放下武器，可以保障生命财产的安全。希望你考虑，不要再做无益的牺牲"。而郑洞国则回答："既然失败了，除战到死以外，还有什么可说，放下武器是做不到的"。② 据刘浩回忆，郑氏当时还说过"不成功，便成仁"之类的话。③ 从上述郑氏所作所为而言，无疑是要"顽抗到底"了。

正当郑洞国力主突围，其他将领举棋不定，一筹莫展之际，新七军暂编六十一师第二团团长姚凤祥已率先与解放军取得了联系。17日晨，当姚凤祥得知六十军起义，解放军已开进东部防区，"枪口朝着自己的屁股，既不能再守，也无法再逃"的情况下，

---

① 史说：《困守孤城的新编第七军》。
② 郑洞国：《困守孤城七个月》，《辽沈战役亲历记》，文史资料出版社，1985年版，第303页。
③ 刘浩：《争取滇军工作的回忆》，《长春起义纪实》，吉林文史出版社，1987年版，第265页。

经过对长春局势的反复考虑，认为只有起义，才是一条活路。①为了稳定军心和争取一个能与解放军联系的环境，他命令团属各营，"无命令不准打枪"。② 是日上午，该师政治部主任吴祥伯来到二团团部。姚与吴是同乡，平素相处甚佳，当吴得知姚的主张后，双方不谋而合。当时该团一营地处前沿，与解放军仅一街之隔，喊话之声，不绝于耳。为及早与解放军联系，二人相约，吴祥伯往一营设法与解放军接头，而姚凤祥则到军部探听虚实。此时军部尚无任何应变举措，姚旋即返回团部。吴祥伯请来的解放军代表周黎，是独九师二团团长，另有警卫员一人。双方见面后，姚凤祥非常敬佩周团长的勇敢精神。他认为："在这样紧急关头，特别是连我自己都还没有任何把握作出任何决定的时候，很可能发生误会甚至急变，一个团长竟敢于充当代表，单刀直入地来和敌人见面，并敢于在敌人面前暴露自己的身份，这是我所不敢想象的。"③经过短暂的会晤，双方协议保证互不侵犯，并由姚团向周团指挥所架上电话线，以资联系。

姚凤祥的果敢行动，在新七军内部引起了强烈反响，一时间成了与解放军联系的核心人物。首先，该师一团团长李卓或来电话表示同意姚的做法，并希望尽快行动。接着，军部炮兵指挥官

① 姚凤祥：《新编第七军放下武器前后》，《辽沈战役亲历记》，文史资料出版社，1985 年版，第 384 页。

② 姚凤祥：《新编第七军放下武器前后》，《辽沈战役亲历记》，文史资料出版社，1985 年版，第 384 页。

③ 姚凤祥：《新编第七军放下武器前后》，《辽沈战役亲历记》，文史资料出版社，1985 年版，第 386 页。

王及人也跑来了,军部副官处长杨振汉也来了,他们都表示了对姚的支持。

　　18日上午10时,新七军副军长史说在官邸召集营以上军官紧急会议。会上有些人主张突围,认为军人应该绝对服从。多数人则反对突围,理由是:"第一,士兵体力太弱,部分饥饿将近一年,大多数都是腿脸浮肿,患夜盲病,就是徒手行军,日行也不过四五十里,何况有严重战斗任务的急行军呢? 第二,长春部队退清原、沈阳,但同时清原、沈阳部队又退往山海关,势必由我们担任后卫战,这不明明是为他们替死? 第三,千多户家属及三千伤残病员早应撤退,也容易撤退,可是置之不理,今日要我们忍心抛弃他们,这算什么指挥道德! 这些人虽说出了平日不敢说的话,可是还不敢提出更进一步的主张。"① 由于彼此争执,意见不一,最后由史说和龙国钧商定,"认为军心已涣散,走突围的路是没有希望的事,徒然将全军引入死路",不如引导"全军投诚"。② 史、龙的意见,得到多数人的赞同,为防止主张突围的官佐铤而走险,副军长史说于当日下午四时,"发布一道作战命令,准许他们率自己的部队向南突围,并规定了出击时间。这些部队长接到命令后,才实际估量了情况,考虑到突围后可能出现的严重后果,然后改变主张,便自动放弃了突围打算,一致同意和谈,协商放下武器"。③

---

　　① 龙国钧:《长春解放经过》,《长春文史资料》一九八八年第二辑,第256、258页。
　　② 龙国钧:《长春解放经过》,《长春文史资料》一九八八年第二辑,第256、258页。
　　③ 龙国钧:《长春解放经过》,《长春文史资料》一九八八年第二辑,第256、258页。

新七军高级将领之所以选择投诚而不走光荣起义之路,其原因何在呢?新七军是国民党军嫡系中最精锐的部队之一,装备精良,生活待遇较高,其主要将领郑洞国、李鸿等皆系蒋介石的亲信,是蒋家王朝的得力战将,对蒋介石是忠心耿耿,以死报国。当六十军起义,新七军处于绝处险境之时,这些主要将领不再发誓要"杀身成仁",而是开始面对现实,希望体面地放下武器。军长李鸿当时认为,由于"形势所迫,只有退出内战才有出路,但是起义后反转枪口又去打原来的友军也是不义,有负上级的信托和培养",因而决定"不起义,不投降,愿意放下武器"。① 副军长史说和参谋长龙国钧也曾说过:"要我们起义做第六十军的尾巴办不到,放下武器是可以的。"②在全军生命攸关的时刻,这些主要将领既不想"成仁",还要讲"义",怕丢面子,因而未能走上起义之路。

18 日晚 10 时许,新七军和谈代表:兵团炮兵指挥官王及人、新闻处处长杨天挺、新三十八师副师长彭克立、暂六十一师副师长宁伟、暂六十一师政治部主任吴祥伯、暂六十一师第二团团长姚凤祥、暂五十六师第一团团长涂尚均共七人与解放军代表解沛然、白驰驹、廖中符、周黎、杨绪亮、王石俊等在东光寮地下室(原

---

① 宁伟:《新七军放下武器前后》,《新七军投诚》,《长春文史资料》一九八八年第二辑,第 268 页。

② 姚凤祥:《新编第七军放下武器前后》,《辽沈战役亲历记》,文史资料出版社,1985 年版,第 387 页。

吉林省建筑机械厂址)进行了谈判。① 新七军提出的协议内容如下：

一、新编第七军放下武器后,保障生命财产的安全。

二、新编第七军投诚人员不参加群众斗争大会,并保障任何人亦不得在群众大会上受斗争。

三、保留由新编第一军老弱伤残官兵经营××农场,并允许自由耕种。

四、对愿参加革命工作的,给予工作,不愿参加工作的,遣送还乡。

在上述协议上代表签字的是：解沛然、彭克立、宁伟、姚凤祥。② 与此同时,人民解放军代表向新编第七军提出如下要求：

一、新七军谈判代表杨天挺、宁伟、彭克立、涂尚均、王及人、吴祥伯、姚凤祥于今晚(18 日)12 时回部后,立即下达该军官兵放下武器之命令。

二、10 月 19 日上午 10 时,由新七军司令部派大卡车 3 辆并由该军派代表乘车接解放军代表前往接收,不

---

① 杨绪亮:《进驻东光寮前后》,《新七军投诚》,《长春文史资料》一九八八年第二辑,第 133 页。

② 姚凤祥:《新编第七军放下武器前后》,《辽沈战役亲历记》,文史资料出版社,1985 年版,第 390 页。

得有任何冲突。

三、新七军所部驻守中央广场之一周（中央银行、电讯管理局、省政府、孝子坟、励志社、高等法院、南站、青年中学、关东军司令部、海上大楼等）据点首先撤出，并由新七军派代表直接将解放军部队带至该处控制，以便保护新七军官兵及官兵之家属和建筑物。

四、保证 10 月 19 日上午 10 时 30 分将全部放下武器之人员集中于指定地点（校级以上军官及其家属在关东军司令部，尉级军官在新七军教导大队）。

五、将放下武器和弹药及一切军用品分别集中于适当地点（由解放军代表小组指定）。

六、所有仓库及建筑物解放军一时不能控制则由新七军保护，不得有任何破坏和丢损，并由新七军派代表交解放军管理。

七、第一兵团司令部及新七军所属电台和机要密码无条件全部交出，不得有任何损坏和私存。

八、上述七条，新七军谈判代表全部负责完成。签字有：杨天挺、宁伟、彭克立、涂尚均、王及人、吴祥伯、姚凤祥。①

会谈结束后，解放军第一兵团参谋长解沛然将中共中央军委

① 宁伟：《新七军放下武器前后》，《新七军投诚》，《长春文史资料》一九八八年第二辑，第 269—270 页。

副主席周恩来的《致郑洞国信》交给了新七军炮兵指挥官王及人，委托转交郑洞国。信的内容如下：

洞国兄鉴：

欣闻曾泽生军长已率部起义，兄亦在考虑中。目前，全国胜负之局已定。远者不论，近一个月，济南、锦州相继解放，二十万大军全部覆没，王耀武、范汉杰先后被俘，吴化文、曾泽生相继起义，即足证明人民解放军必将取得全国胜利已无疑义。兄今孤处危城，人心士气久已背离，蒋介石纵数令兄突围，但已遭解放军重重包围，何能逃脱。曾军长此次举义，已为兄开一为人民立功自赎之门。届此祸福荣辱决于俄顷之际，兄宜回念当年黄埔之革命初衷，毅然重举反帝反封建大旗，率领长春全部守军，宣布反美反蒋，反对国民党反动统治，赞成土地改革，加入中国人民解放军行列，则我敢保证中国人民及其解放军必将依照中国共产党的宽大政策，不咎既往，欢迎兄部起义，并照曾军长及其所部同等待遇。时机急迫，顾念旧谊，特电促速下决心。望与我前线肖劲光、肖华两将军进行接洽，不使吴化文、曾泽生两将军专美于前也。

周恩来

十月十八日①

---

① 《周恩来选集》，人民出版社，1980年版，第313页。

王及人回到新七军军部后,即将周恩来的信交与副军长史说。史说在其回忆录《固守孤城的新编第七军》一文中说:"因信没有封口,我便抽出来看了。字是楷书,象是由电报转录的……。我派一个参谋送去,因兵团部的特务团尚在打枪抵抗,市内秩序亦乱,此信并未送到,这个参谋也未对我回报。"①又据时任东北人民解放军独立第九师第二团参谋长杨绪亮回忆:"19日下午,我兵团司令部送来一封周恩来同志给郑洞国的信,是用毛笔写的,要我们转交郑洞国先生。当时,我正忙于接收工作找不到合适的人送去,就把信交给了廖师长。"②黄昏时,我独九师的一、三团已从双阳、范家屯进入长春。廖师长命令一团到中央银行周围接替了我团三营防地。一团政委朱军是黄埔军官学校毕业生,过去认识郑洞国先生,从廖师长说和杨绪亮的回忆中可以看出,解放军进城部队通过多种渠道力求将周恩来的信送达郑洞国,以实现中央军委给兵团部的指示:郑洞国及新七军乃黄埔嫡系,应力争其投降或起义,这对全国的影响将是极大的。③

1948年10月19日上午10时,人民解放军进城部队在新七军代表的引导下,在全市各重要街区开始接收新七军投诚。当独立第七师二团行进至范家店以东时,新七军的一个营已集合完毕,在楼门上挂起了一面小白旗,武器弹药整齐地排放在大街北侧,许多投诚官兵拍手向解放军致意。在兴安桥(今西安桥),新

---

① 《新七军投诚》,《长春文史资料》一九八八年第二辑,第248页。

② 东北人民解放军独立第九师师长廖中符。

③ 杨尚峰:《随解方参谋长进城》,《长春文史资料》一九八八年第二辑,第159页。

三十八师美械山炮营的 16 门山炮已整齐排放在操场上,等候接收。有的墙上还写着"欢迎解放军来接收"的大字标语。独立第九师按规定地点,接收了新七军一个师部,二个团和一〇五榴炮营等单位,该师二团全部换上了美式武器。当时参加接收任务的部队,还有独立第六师和十一师。

下午 5 时,除郑洞国兵团部及特务团占据的中央银行大楼外,其余国民党守军已全部放下武器。至此,长春已全部解放。

第四节　郑洞国放下武器

19 日上午,当新七军全体官兵向解放军投诚之际,郑洞国所属兵团部机关及特务团仍固守中央银行大楼,负隅顽抗。在山穷水尽,走投无路的形势下,郑氏遂将长春全部情况向东北"剿总"作了汇报。不久,杜聿明来电,言其拟请蒋介石派直升机将郑接出,问有无降落地点。郑电复:"现在已来不及了,况亦不忍抛弃部属而去,只有以死报命。"[1]

为争取郑洞国放下武器,包围银行大楼的独立第九师一团政委朱军曾电话郑洞国:"现在你们已经被包围了,新七军已投降,银行大楼这弹丸之地,你们是守不住的。希望你们放下武器。"郑氏则回答:"败军之将,何以和谈",就把电话断了。当朱军第二次打通电话时,接电话的是国民党军一兵团部参谋处少将处长郭修甲,他希望解放军派代表到银行大楼来谈判。

---

① 郑洞国:《固守长春始末》,《长春文史资料》一九八八年第二辑,第 233 页。

19日下午,独九师一团政委朱军、团参谋长师镜及两名警卫员应邀前往银行大楼。谈判中,郭修甲提出三个条件:

一、放下武器后,要保证所有人员生命财产安全。

二、郑洞国不在报纸和广播电台上发表谈话。

三、对外宣传时,讲郑洞国伤后被俘,不要说自动投降。

上述一、二条双方同意,唯第三条朱军表示不能同意。双方还商定:21日晨6时,解放军接收时,中央银行特务团对空射击20分钟,然后放下武器。①

为促使郑洞国走向光明之路,国民党军一兵团部副参谋长杨友梅及郭修甲等人与解放军代表秘密接谈,并计议朝天开枪,假意抵抗,以造成伤后被俘的假象,其用心可谓良苦。

20日晚8时,中行大楼特务团团长龚次言就21日晨放下武器问题作了具体布置,杨友梅到会讲了话。同日晚11时,郑洞国向蒋介石拍发了最后一封诀别电报。其电文如下:

> 10月19日下午7时亲电谨呈:职率本部副参谋长杨友梅及司令部与特务团(两个营)全体官兵及省政府秘书长崔垂言共约千人,固守央行,于10月19日竟日激战,毙伤匪300人,我伤亡官兵百余人。入夜转寂,但匪之小部队仍继续分组前来接近,企图急袭,俱经击退。本晨迄午后5时,仅有零星战斗。薄暮以后,匪实行猛攻,

---

① 师镜:《陪同郑洞国先生走出银行大楼》,《长春文史资料》一九八八年第二辑,第148页。

乘其优势炮火,窜占我央行大楼以外数十步之野战工事。我外围守兵,均壮烈成仁。刻仅据守大楼以内,兵伤弹尽,士气虽旺,已无能为继。今夜恐难度过。缅怀受命艰危,只以德威不足,曾部突变,李军覆灭,大局无法挽回,致遗革命之羞,痛恨曷已。职当禀遵训诲,克尽军人天职,保全民族气节,不辱钧命。唯国事多艰,深以未能继续追随左右,为钧座分忧,而竟革命大业为憾。时机迫促,谨电奉闻。职郑洞国 10 月 20 日 23 时亲印。①

从上述电文来看,郑氏似有"成仁"之意,但他心里明白,这只不过是一种自欺欺人的手段罢了。在 19 日下午,郑氏通过郭修甲与解放军代表谈判提出三个条件,说明郑氏在走投无路的情况下,也只好走放下武器投诚之路。

21 日清晨,银行大楼忽然枪声大作,轻重机枪、冲锋枪和步枪一齐对空射击,像爆豆似的响成一片。据当时东北人民解放军独立第九师二团二营教导员罗兆雄回忆:"当时,天空阴雾蒙蒙,可以隐约地看见敌人在银行大楼顶上来回走动,有的高叫着:'快打呀,打完了好走。'枪声响了约 15 分钟,一个人大声喝道:'停止射击,停止射击。'一会儿,枪声渐渐平息下来。不多时,银行的铁门打开了,门前的工事也推倒了,我们的人冲进银行。"②

---

① 郑洞国:《固守长春始末》,《长春文史资料》一九八八年第二辑,第 234 页。
② 罗光雄:《10 月 17 日 21 时 30 分第一个由城南进入市区的部队》,《长春文史资料》一九八八年第二辑,第 145 页。

5时许,人民解放军独立第九师第一团政委朱军和团参谋长师镜首先进入银行大楼内。因朱军返回带领部队,师镜直奔三楼会议室。此时,沙发上坐着三个人,见解放军进入,便站起身来。师问:"哪位是郑司令官?"站在中间的人说:"我就是。"其他两人,一位是兵团部副参谋杨友梅,一位是吉林省政府秘书长崔垂言。师说:"我们的部队马上就要进来了,现在请司令官随我出去。"

郑洞国等人在师镜的陪同下,步出银行大楼,乘车前往解放军第一兵团司令部驻地四家子,受到司令员肖劲光、政委肖华的热情接见。郑洞国属下特务团官兵 400 余人,也同时放下武器。至此,国民党军在长春盘踞的最后一个据点,不攻而克,宣告解放。

第五节　市民欢庆解放

10 月 21 日,历经战火和饥饿的考验,饱经忧患的长春,终于回归于人民。长春解放之日,中共中央特电祝贺。电文如下:①

　　林彪、罗荣桓、高岗、陈云诸同志及东北人民解放军全体同志们:

　　锦州解放,歼敌十万之后,长春即告解放,曾泽生将军率部起义,郑洞国将军率部投诚,名城光复,秩序井然,人庆更生,欢声雷动。此皆我人民解放军英勇善战,前后方工作人员与广大民众努力奋斗的结果。特电祝贺。

---

① 《东北日报》,1948 年 10 月 22 日。

中国共产党中央委员会

1948 年 10 月 20 日

长春解放后,东北行政委员会当即任命邹大鹏为长春特别市政府市长,张文海为副市长,并成立了长春军事管制委员会,唐天际为主任,石磊、邹大鹏为副主任,以维护社会秩序,安定民生。

解放后的长春市,万众欢腾。据当时《东北日报》报道:"两年来笼罩全城的饥馑与恐怖阴影,已倏然消逝。市民一敛困惫愁容,欣集街头争看解放军布告及前线捷报,每遇我指战员及入城工作人员则纷纷倾吐过去苦衷,亲如一家。"长春各区群众先后举行祝捷大会,欢庆长春和吉林全境解放。

长春解放后,人民政府备了 600 万斤粮食运往市区,每日运进煤炭 1200 余吨,大力救济灾民。市民获米如珠,齐称人民政府和解放军为"人民父母""救命恩人",流下了欢欣感激的眼泪。

1948 年 11 月 28 日《东北日报》转载了东北人民解放军野战军司令部颁发的第二号作战公报,公布了长春围城及六十军起义与新七军投降之战果统计称:

长春围城及六十军起义与新七军投降,敌军共丧失兵力 95855 人。分别统计如下:

(一)围城战果:自 6 月 19 日至 10 月 6 日,我共收容投诚官兵 18101 人,携来武器计有:六零炮 10 门,重机枪

2挺,轻机枪38挺,冲锋式8支,步马枪1297支。另在历次外围战斗中,共计歼敌4328名,合计歼敌22429名。

(二)六十军起义:起义参加我军官兵共计26000余名,配属武器计有:各种炮290门,其中榴弹炮4门,山炮8门,自动炮2门,战防炮1门,火箭炮4门,步兵炮14门,迫击炮70门,六零炮187门;另有:重机枪124挺,轻机枪696挺,冲锋式1077支,战防枪14支,枪榴筒142个,汽车27辆,子弹609979发,炮弹5498发。

(三)新七军投诚战果:(甲)投诚部番号,包括:第一兵团司令部,新七军军部及新三十八师,暂五十六师,暂六十一师,军直属之骑兵团,汽车营等。地方部队番号,包括:吉林保安旅,骑兵保安旅第一旅、第二旅,长春警备司令部,吉林师管区,松北五省流亡政府等单位。(乙)投诚人数,计正规军官兵32000余名,地方军官兵7926名,另收容各医院伤病蒋军官兵7500余名,合计共47000余名。(丙)缴出武器计有:各种炮317门,其中,榴弹炮8门,山炮9门,战防炮28门,平射炮24门,火箭炮14门,迫击炮51门,六零炮183门;另缴:重机枪146挺,轻机枪845挺,冲锋式1205支,战防枪21支,步马枪13435支,短枪170支,讯号枪9支,枪榴筒18个,掷弹筒25个,电台11部,无线电话55架,电话总机41架,单机240架,电线150里,飞机1架,装甲车2辆,汽车419辆,大车49辆,子弹4509278发,手榴弹12848个,炮弹8150

发，及其他仓库物资等全部完整。

在解放战争时期，为家乡和全中国的解放而英勇献身的长春烈士有 6200 余人。① 在围困长春的斗争中，据有关资料统计，"从外围战斗到围城结束，经历 30 余次大小战斗。在这些战斗中，我军伤亡 4000 余，有上千名干部、战士，长眠于长春外围，其中还有团营干部"。②

长春和平解放，史称"兵不血刃"，然而这和平却是用血的代价换来的。除了在战斗中伤亡的干部、战士和被国民党特务杀害的革命志士以外，还有 12 万长春父老兄弟姊妹长眠在这块沃土上。③ 历史应该永远记住他们！

长春解放后，长春人民在中共长春市委和市政府的领导下，在克服战争创伤，发展生产，支援解放战争的各项工作中，取得了重要成就。长春人民以支援全中国的解放，建设新长春的实际行动，迎来了新中国的诞生！

---

① 参见长春市民政局编《长春英烈》，吉林文史出版社，1989 年版，第 144—353 页。

② 沈阳军区《围困长春》编委会编：《围困长春》，吉林文史出版社，1988 年版，第 250 页。

③ 《长春文史资料》第八辑，第 83 页。

大　事　记

1945 年

8 月 8 日,苏联政府宣布:自 8 月 9 日起,苏联已与日本进入
战争状态。

8 月 9 日零时 10 分,苏军从西、东、北三个方向,同时向日本
关东军发起全面进攻。

8 月 19 日,苏军空降长春,日本关东军投降,伪满洲国覆亡。
长春光复。

8 月 20 日,苏军成立了长春城防卫戍司令部,对长春实行军
事管制,并派红军代表和抗联干部接管了市府、公安、邮电等要害
部门。苏军当局任命于镜涛继续担任市长。于镜涛被押往苏联
后,由伪市府总务处处长曹肇元接任市长职务。

8 月中下旬至 9 月初,随苏军进入东北的抗联教导旅,迅速
完成了对东北三省 57 座城镇的进驻,并建立了地方人民政权。

8 月 25 日,苏军将伪满大臣分两批押送至苏联红河子监狱。

8 月 31 日,苏军后贝加尔方面军司令部迁至长春。

9 月 8 日,周保中率部百余人飞抵长春。周保中任东北人民

自卫军总司令,兼任苏联红军长春卫戍司令部副司令。

9月初,在中共领导下成立了东北工人联盟,到10月末已发展会员2万多人。

9月20日至23日,周保中等在沈阳向中共中央领导汇报了东北抗日联军14年的斗争及进驻东北57座城镇的情况和当前各项紧迫的工作,同时移交了中共东北党委会的全部工作及档案材料。从此,东北党委会完成了历史使命。

9月下旬,在赵东黎的领导下,组建了东北妇女同盟。

9月30日,组建了中共长春市委员会。申东黎任书记,赵东黎为副书记。

9月,苏军途驻长春以后,曾令伪满中央银行增印无号码的伪国币97亿元,与红军票等值。

9月30日,中共长春市委责成刘健民、傅根深组建人民武装,命名为东北人民自治军吉长地区部队。

10月1日,在中共长春市委的领导下,以进步青年为骨干,成立新青年同盟。

10月9日,中共长春市委决定以民办的名义创办《长春新报》,宣传了中共和平民主的主张,反映了人民的呼声。

10月10日,陈云同志率百余名干部抵达长春,首先向周保中传达了中共中央对东北形势的估计和打算,决定派大批干部和部队到东北建设根据地。周保中根据陈云同志的指示,经与苏方交涉,苏方同意我党在城郊、县、区、乡组建武装,因此部队得到迅速发展。

是年秋,苏军进驻长春以后,为纪念在反日本法西斯战争中牺牲的苏联红军烈士,在大同广场(今人民广场)中心,修建了苏军烈士纪念塔。

10月10日,国民党"东北行营"在长春成立。熊式辉、张嘉璈、蒋经国、莫德惠等40余人,于12日由重庆抵达长春,成为国民党接收东北、接收吉林、接收长春的急先锋。

10月29日至11月4日,国民党各路"接收"大员400余人麇集于长春,准备到各地进行"行政接收"。

11月3日,当国民党军在美舰支援下预行在营口登陆时,受到东北人民自治军的阻滞。至此,国民党军幻想从苏联手中接收东北已成泡影。

11月14日,国民党两个军在杜聿明的指挥下,公然以武力"接收"东北,并于16日攻占山海关。

11月15日,为挫败东北行营"接收"长春的阴谋,中共经与苏军协商同意中共选派一人当市长。是日,刘居英会见了原市长曹肇元,正式接管了市政府,建立了在中共领导下的第一个民主政权。刘居英市长签发了《长春特别市政府布告政府第一号》,公布了七条施政纲领。

是月,经吉林省工委决定,成立了长春市卫戍司令部。曹里怀任司令员,张庆和任副司令员,刘居英任政委。在卫戍司令部的领导下,组成公安总队,下辖六个大队,计2300余人,是人民政权领导下的一支武装力量。

11月30日,苏军为执行《中苏友好同盟条约》中的有关规定,决定把中长铁路上的大城市包括沈阳、长春、哈尔滨等交给国民党政府"接收"。是日,苏军迫使中共撤出长春市。于是,长春特别市政府又移交曹肇元主持。

12月初,东北行营代主任张嘉璈、外交部特派员蒋经国经与苏军总部协商,苏军同意协助国民党政府派联络员到各地"接收"。

12月22日,国民党当局委派张君迈"接收"了长春市政府,前任市长曹肇元改任参议。

1946 年

1月5日,国民党政府为实现武力"接收"长春的目的,将国民党东北行营收编的东北保安第二总队刘德溥部(即伪满军的铁石部队)由华北空运长春。

1月6日,国民党吉林省政府接收委员王宁华、吴至恭、尚传道、胡体乾等25人,由北平乘机二进长春,开始对吉林的"接收"。

1月中旬,国民党吉林省政府任命张骏图为长春县县长,乔树芳为九台县县长,纪幕天为农安县县长。

1月22日,由于国民党政府"接收"屡屡受挫,宋美龄以"宣慰"之名飞抵长春,请求苏联缓期撤军。

3月25日,根据中共中央要求必须在苏军撤退后一二日内控制长春、哈尔滨、齐齐哈尔等战略要地的指示,中共中央东北局制定了《关于东北大会战的部署》。

是月,鉴于长春的重要战略地位已成为中共在东北的政治中心,中共中央致电东北局,提出在苏军撤退前中共应力争占领长春,并"以长春为我们的首都"。

4月11日,吉辽军区司令部制定了《长春争夺战役作战计划》。

4月14日中午12时苏军撤离长春。下午2时,东北民主联军向长春外围守敌发起攻击。

4月18日晚7时,首战长春胜利结束,长春人民重新获得解放。此役,共毙伤敌2500余人,生俘第四总队兼长春卫戍司令中将指挥陈家桢以下官兵14000余人。国民党吉林省代主席王宁华、长春市市长赵君迈、长春警察局局长张炯、社会局局长叶绍南亦同时被俘。

4月18日晚和19日,刘居英市长先后两次到市电台发表广播演说,重申1945年11月人民政府公布的施政纲领继续生效,明确提出政府是人民的政府,是为人民服务的。

4月18日至5月23日,在人民政府的领导下,长春市各项事业均得恢复和发展。供电供水已全部恢复,被救济的人数达10万之众。

5月13日,长春市政府筹备召开长春市参议会。5月23日,因战事紧张未能如期召开,但它充分体现了人民的心愿和人民政府的民主主张。

5月14日,国民党军集中10个师的兵力,分为3个兵团向四平街地区全面进犯。东北民主联军于18日夜撤出四平。由于局势骤变,中共中央及时调整了战略部署,因而改变了中央机关迁往长春的计划。

5月22日，东北民主联军撤出长春。国民党军控制了松花江以南的广大地区。东北民主联军撤至松花江北岸休整，分别在北满、东满等地创建根据地。

5月23日，国民党新六军和新一军进占长春。国民党军事当局任命新六军军长廖耀湘为长春警备司令，并由该军负责长春地区的"治安责任"。尚传道兼代长春市市长，并于28日携其班底到长任职。

5月29日，郑洞国以东北保安司令长官部前进所主任的名义进驻长春。

5月30日，蒋介石在白崇禧、杜聿明陪同下，由沈阳飞抵长春视察，声称"保证不扩大战争"，而在接见国民党将校官佐时，却扬言要向松花江以北进军。

7月上旬，中共在哈尔滨召开了东北局扩大会议。7月7日，通过了《东北形势和任务》的决议。号召共产党员走出城市，丢掉汽车，脱下皮鞋，换上农民衣服，不分文武，不分男女，不分资格，一切能下乡的干部要统统到农村去发动群众，清除匪患，实行土地改革，建设与巩固革命根据地。

7月27日，赵君迈被我军交换释放后，重任长春市市长。尚传道即回本职。赵君迈以布告的形式，将街路、广场、公园的名称重新命名，并贴上了蒋记的标签。

8月29日，国民党当局在长春推行保甲制度。在9个区先后组建1102保，8637甲。赵君迈复出后，以布告的形式，将含有敌伪意识的旧联保名称,均予改正。

9月25日,国民党"保密局长春督察处"成立,该处是刺探情报,镇压革命人民的罪恶机关。

12月,驻长国民党军政机关林立,据统计达240余处之多。松江省、嫩江省、黑龙江省及哈尔滨市党部办事处亦相继在长春市成立。长春已成为北犯东进的前哨和大本营。

是年,国民党军政当局进占长春以后,根据东北行营公布的《东北敌伪事业资产统一接收办法法规》,军政当局以"接收"为名,到处占房子,抢地盘,贴封条,将敌伪资产窃为一党所有,暴露了国民党专制独裁的反动本性。

1947 年

1月,国民党长春市政府公报,当时长春市人口611186人。

1月5日、2月21日、3月8日,北满民主联军3次飞渡松花江,攻克其塔木,奔袭城子街,激战靠山屯,包围农安城,取得了三下江南作战的巨大胜利。

3月1日,两个美国军人在九台被俘获。即在毛泽东所写的《别了,司徒雷登》一文中所说的"在长春附近的九台事件"。

5月13日至7月1日,东北民主联军发动了夏季攻势,历时50天,歼敌8万余人,收复城镇40余座,迫使国民党军转入重点防御。

9月至11月5日,东北民主联军发起了秋季攻势,歼敌6.9万余人,迫使国民党军龟缩在锦州、沈阳、四平、长春、吉林、营口等点线及附近地区。

10月初,蒋经国调赵君迈为上海渔业总局局长。10月4日,孙桂籍由沈阳来长,就任长春市市长。当令4个月有余。

12月15日,东北民主联军发动了冬季攻势,取得沈西三捷,收复法库,攻克鞍山,解放营口,合围四平的巨大胜利。

1948 年

1月1日,奉中共中央军委命令,东北民主联军改称东北人民解放军。

2月初,孙桂籍被选上国民党立法委员,于2月末辞去市长职务。同年3月1日,尚传道接任市长。

3月,国民党当局决定组织战时工作总队。以"参与"等方式对文化部门进行"指导"。

3月8日,国民党第六十军弃吉就长。在西进途中,为解放军逐次阻击。

3月9日,吉林市解放。

3月13日,东北人民解放军攻克战略要地四平。至此,东北国民党军被全部分割包围在长春、沈阳、锦州三个互不联系的孤立地区。

3月15日,蒋介石任命郑洞国为第一兵团司令兼吉林省主席,提出了"加强工事,控制机场,巩固内部,搜购粮食"的实施计划。

4月18日,东北局和东北军区负责人正式提议:部队在军事、政治整训之后打长春。4月22日,中央军委同意攻打长春。

5月21日,郑洞国指挥长春守军向飞机场方向发动出击行动。

5月24日,东北人民解放军攻占大房身机场。国民党守军与沈阳间的空中通道被切断,长春已成为"陆上孤岛"。

5月24日,东北人民解放军乘国民党新七军出击之机,对长春进行了攻城试打,虽歼敌一部,并不成功。

6月15日至20日,第一前线围城指挥所在吉林召开干部会议,决定对长春采取"长围久困,展开政治攻势和经济斗争,使其粮弹俱困,人心动摇时再攻"的方针。

6月20日至6月末,国民党军政当局以"肃清奸宄,维护治安,减少食粮消耗"为由,决定疏散市内人口20万,"不得再行入市"。

6月22日,面对围城部队的经济封锁,郑洞国推行战时经济体制,公布了《长春市战时粮食管制办法》,致使粮价暴涨。

6月25日,解放军围城部队进入指定位置,对长春正式进行封锁围困。

6月28日,围城指挥部在吉林市召开了围城政工会议,决定对长春进行经济封锁,强化政治攻势。

7月,东北局决定,除留一部主力围困长春外,大部主力留下作战。

是月,面对解放军围城部队的军事围困,郑洞国采取了"固守待援,相机出击"的策略,仅7月上旬就达6次之多,均以失败告终。

8 月 14 日,中共吉林省委作出了《关于处理长春外围难民的决定》。围城期间,收容难民达 15 万人之多。

9 月,国民党东北"剿总"声称"机油两缺",完全终止了对长春的空投,国民党长春守军唯一的希望破灭了。

9 月 12 日,东北人民解放军全面发起辽沈战役。

9 月 16 日,为防止国民党守军突围,东北人民解放军围城部队进行了梯次配置,对可能突围的方向进行部署。

10 月 3、4 两日,国民党守军向绿园一带突围,因伤亡惨重,龟缩城内。

10 月 6 日,国民党军政当局为应付庞大的军政开支,发行了大额本票,总数达 831133 亿元,使长春金融和经济生活,陷入绝境。

是年,国民党军政当局面对解放军围城部队的强大政治攻势,为巩固内部,从 4 月始便采取了举办各种训练班。在政府及官兵中推行联保连坐,实行白色恐怖,屠杀革命志士,驱赶市民于卡哨外等反动措施,以维护其反动统治。

10 月 15 日,锦州大捷,全歼范汉杰部 10 万余众。从此关闭了东北的大门,为辽沈战役的胜利奠定了基础。

10 月 17 日,国民党第六十军宣布光荣起义。

10 月 19 日,国民党新编第七军放下武器,向解放军投诚。长春宣告解放。

10 月 21 日,固守中央银行大楼的国民党兵团司令部卫队在向天空鸣枪之后，郑洞国放下武器。

是日，长春解放之日，中共中央特电祝贺。

长春各区群众先后举办祝捷大会，欢庆长春和吉林全境解放。

后　记

　　撰写《长春城市史》一书,是长春市史志办领导层的重要决策。在执行过程中,史志办当时的主要负责人多次召集写作班子成员认真讨论了写作提纲,对具体篇目进行了指导,并提供了在查阅档案、文献和写作过程中的资金支持。在审阅书稿的过程中,也提出了宝贵的修正意见。没有史志办领导的支持,书稿难以为继。

　　在查阅档案资料和文献的过程中,吉林省市档案馆、省市图书馆、辽宁省档案馆、长春市公安局档案室及东北军区档案室给予了大力的支持和帮助,在此一并致谢。

　　希望本书在以史为鉴,珍爱和平,展望未来和乡土教育的过程中对读者有所启迪和帮助,以实现撰写这部书的初衷。

作者

2017 年 12 月于南湖新村